Esta obra ha recibido una ayuda del Ministerio de
Cultura, a través de la Dirección General del Libro,
del Cómic y de la Lectura.

Los hijos diferentes de la madurez a su fin

UN CAMINO EXTRAORDINARIO

Autora
Anna Vila Badía

Traducción y epílogo
Feliu Formosa

NARCEA, S.A. DE EDICIONES
MADRID

© NARCEA, S.A. DE EDICIONES, 2025
Paseo Imperial, 53-55. 28005 Madrid. España
www.narceaediciones.es

Título original: *Els fills diferents. De la maduressa al seu final*

Traducción: Feliu Formosa

Imagen de cubierta: piedras pintadas por Sandra

Composición: Montytexto

ISBN papel: 978-84-277-3264-3
ISBN ePdf: 978-84-277-3265-0
ISBN ePub: 978-84-277-3266-7
Depósito legal: M-6490-2025

Impreso en España. Printed in Spain

Índice

Anna Vila Badía ha publicado en NARCEA:

- *Tengo una hija deficiente. Evolución, socialización y tratamiento de una niña diferente.*
- *Los hijos "diferentes" crecen. Cuando las personas deficientes se hacen mayores.*

Introducción

Cuando, alrededor del año 2003, terminé de escribir *Los hijos diferentes crecen*, supe que ese segundo libro formaría parte de una trilogía. Once años después, inicié esta tercera parte, un relato que llega hasta 2024 y abarca la vida de Sandra de los 30 a los 50 años, completando esta nueva etapa de nuestra historia.

Fue un período lleno de tropiezos, nuevas alegrías, sorpresas inesperadas y cambios, muchos cambios.

Intentaré ponerlo todo en orden, organizando los capítulos por temas y manteniendo, a la vez, un cierto orden cronológico que refleje los hechos y las vivencias que han acompañado a Sandra a lo largo de esos años.

Como hice en los dos libros precedentes, seré sincera, y pido disculpas anticipadas a todas las personas que, en algún momento, puedan sentirse heridas en sus sentimientos.

Para quienes no conozcan mis libros anteriores *Tengo una hija deficiente* y *Los hijos "diferentes" crecen*, voy a intentar hacer un breve resumen, a fin de facilitar la lectura de esta tercera parte.

Sandra nació en agosto de 1973. Durante el parto sufrió una anoxia importante que le provocó parálisis cerebral, pérdida absoluta del oído y un retraso mental difícil de valorar.

El primer pronóstico del neurólogo fue que Sandra se convertiría en un vegetal de por vida.

Ante tal perspectiva, mi postura fue la de rebelarme y buscar todos los medios que en aquellos momentos tenía a mi alcance para intentar que Sandra progresara.

Gracias a una fisioterapia diaria, Sandra empezó a andar a los cinco años, y a esa misma edad inició su escolarización en un centro de educación especial.

Para facilitar la comunicación con ella, aprendí el lenguaje de signos y resultó de gran utilidad. Además, Sandra usa un "plafón" que combina dibujos con sus correspondientes palabras al pie, lo que le sirve de ayuda para hacerse entender.

Las primeras etapas de su vida estuvieron llenas de contratiempos y de problemas que desconocíamos. Tuvimos que afrontarlos a medida que iban surgiendo. Hay que decir, con todo, que Sandra era una niña feliz. Participaba de la vida familiar, iba "de colonias" de integración y, para decirlo en pocas palabras: gozaba de la vida.

La segunda etapa, de los quince a los treinta años, fue semejante a la anterior; pero esos quince años de experiencia a su lado, nos daban cierta ventaja a la hora de enfrentarnos a situaciones difíciles. Aunque aparecían otras nuevas y desconocidas, que procurábamos resolver como mejor podíamos.

Sandra asistía feliz a la escuela. Durante la semana, de lunes a viernes, residía en un piso tutelado junto a otros chicos y chicas con necesidades similares, un espacio gestionado por el mismo centro escolar. Los fines de semana y días festivos regresaba a casa, donde disfrutaba de la vida familiar con nosotros.

Con el tiempo, fuimos introduciendo los nuevos recursos tecnológicos en su vida cotidiana. A pesar de sus deficiencias, Sandra consiguió manejar el ordenador con habilidad y mostrando gran interés. En resumen, podríamos decir que su progreso era constante y continuado, superando las expectativas iniciales.

CAPÍTULO

1

Las enfermedades de Sandra

Desde que nació, Sandra no dejó de tener problemas de salud: ataques epilépticos, parálisis de la parte izquierda de su cuerpo, intervenciones oftalmológicas a causa de su estrabismo, parálisis de la úvula, que le provocaba atragantamientos y ahogos con su propia saliva, operación para rectificar su pie equino e intervención para que su rodilla dejara de encogerse; sufrió fiebres repentinas e incontrolables y una hemorragia cerebral, que la condujo a las puertas de la muerte. Íbamos dejando atrás y superando unas enfermedades de Sandra hasta que surgían otras nuevas que desconocíamos y nos desconcertaban.

Fue una etapa que puede parecer excesivamente llena de tropiezos y de continuos reproches a algunos profesionales de la medicina, pero es lo que ocurrió y no podemos ocultarlo ni cambiarlo.

Cuando determinados episodios que afectan a Sandra pueden ser motivo de nuestras quejas, considero que es nuestra obligación ponerlos de manifiesto y hacer que consten por escrito, ya sea mediante el libro de reclamaciones o a través del servicio de atención al usuario en el caso de los hospitales.

© narcea, s.a. de ediciones

He estado muchos años trabajando en la Sanidad Pública y me consta que las quejas de los usuarios no caen en saco roto, suelen llegar al profesional que las ha motivado. Y, aunque pueda que no se resuelva nuestro caso, muy probablemente supondrán una ayuda para quienes se hallen en una situación semejante.

LA PÚRPURA DE SCHÖNLEIN-HENOCH

Todo empezó de manera repentina. El 26 de abril de 2003, mientras le depilaba las piernas a Sandra, como teníamos por costumbre, vi que le habían aparecido unas petequias (pequeñas manchas rojas). Al principio supuse que se debían a la depilación, pero no tardé en descubrir que nada tenían que ver.

Tenía los tobillos hinchados y las petequias aparecían y desaparecían sin motivo aparente. Leí los prospectos de los medicamentos que tomaba y, de acuerdo con la psiquiatra, redujimos gradualmente la dosis de *Prozac* con la intención de que dejara de tomarlo.

Pero las manchas de las piernas continuaban apareciendo, al igual que persistía el edema de los tobillos, a pesar de que intentásemos que Sandra mantuviese las piernas levantadas.

Le efectuamos un análisis de sangre, que salió normal, pero viendo que los síntomas de la enfermedad no desaparecían, el cirujano del ambulatorio que nos correspondía nos derivó al servicio de hematología del hospital Vall d'Hebron.

Para que el lector se forme una idea de cómo transcurrió todo el proceso, adjunto una carta que envié a dicho hospital tras ser recibida por un médico que mostró muy escasa empatía. En mi carta explico el procedimiento que fuimos siguiendo hasta que Sandra fue recibida por el facultativo que suponíamos dispuesto a tratar su nueva dolencia.

© narcea, s.a. de ediciones

Barcelona, a 9 de septiembre de 2003

Distinguido Sr. director del Servicio de Atención al Usuario del Hospital Vall d'Hebron:

Me dirijo a usted con el objetivo de darle a conocer unos hechos que quizás no le sean desconocidos, y de formular mis quejas por el mal funcionamiento de este hospital en lo referente a la atención al usuario, en nuestro caso, a una paciente.

Hacia finales de abril y principios de mayo, a mi hija Sandra Morera, de treinta años, con parálisis cerebral y una deficiencia profunda, le aparecieron unas petequias en las piernas. Siguiendo el procedimiento correcto en tales casos, se le efectuó una analítica el 19 de mayo, que resultó normal. El 8 de junio, el cirujano del ambulatorio que me corresponde, me derivó a su hospital con el calificativo de preferente.

Viendo que no recibía respuesta del Servicio de Hematología y que mi hija estaba cada vez peor, me puse en contacto con el doctor Marc Riera, amigo mío y médico de Sandra durante toda su vida. Puedo contactar con él en todo momento, aunque hace ya años que nosotros hemos cambiado de domicilio: vivimos en Barcelona y él en Igualada.

El 17 de junio, en el Hospital Comarcal de Igualada, se practicó a Sandra un segundo análisis, resultando con escasas alteraciones. El pediatra me tranquilizó y me aconsejó que esperase la visita de su hospital Vall d'Hebron.

Pero las petequias en las piernas de mi hija persistían, lo que me angustiaba cada vez más, ya que me consta que puede ser síntoma de una enfermedad grave.

Viendo que no recibía notificación alguna de su hospital Vall d'Hebron, me serví una vez más de mis relaciones y el 7 de julio le efectuó una visita rápida pero eficaz el doctor Nomdedeu, del Hospital Clínico, un hospital que, por zona, no me corresponde.

Con una simple ojeada a las piernas de Sandra, que ese día no presentaba las habituales petequias, y observando las analíticas y las fotografías fechadas que llevaba conmigo, el doctor Nomdedeu emitió un diagnóstico bien claro: Púrpura de Schönlein-Henoch. Me tranquilizó y me dijo que a Sandra debía controlarla un médico de medicina interna. Fue una visita rápida, de cinco minutos, pero suficientes para explicarme con claridad en qué consistía la enfermedad de mi hija y para recomendarme que buscase algún médico que se hiciera cargo de controlar su evolución.

El día 8 de julio, de acuerdo con el consejo del doctor Nomdedeu, y viendo que no había respuesta por parte del Servicio de Hematología, la doctora de cabecera me redactó una nueva solicitud, dirigida esta vez al Servicio de medicina interna.

El 10 de julio recibí una carta en la que se citaba a mi hija Sandra Morera para una visita con el doctor Manuel Callís de Nadal, el día 8 de julio. Como ustedes comprenderán, no pude acudir a la cita, porque la fecha indicada ya había transcurrido, y no sirve de disculpa aducir que el correo funciona mal, ya que nuestra correspondencia llega siempre con regularidad a su destino, y justamente esos días el cartero comparecía puntualmente todas las mañanas.

En el documento adjunto figuraba un número de teléfono que, al parecer, permitía conectar directamente con el doctor Callís. Lo hice, en primer lugar, para exponerle el motivo que nos impidió acudir a su consulta el pasado día 8. En segundo lugar, para que me informase sobre cuál era el servicio dedicado a tratar las Púrpuras de Schönlein-Henoch en el hospital Vall d'Hebron. Me respondió que su Servicio de hematología no se ocupaba de tales casos, pero sí lo hacía el *Servicio de medicina interna*. *Resultó, por consiguiente, que el diagnóstico de mi doctora de cabecera era correcto.*

Al regresar de nuestras vacaciones, me encontré con una carta en la que se citaba a Sandra Morera a la consulta del doctor Juan Lima Ruíz, de medicina interna, el 8 de septiembre, a las 11 de la mañana.

Ese día, a la hora indicada, mi hija y yo nos hallábamos en la sala de espera de dicho doctor. Durante las dos horas que transcurrieron, tuve ocasión de conocer algunas opiniones de sus pacientes. Por lo general, eran favorables en lo referente al trato que el doctor Lima les dispensaba, pero todos ellos lamentaban su falta de puntualidad. Entretanto, mi hija Sandra, deficiente profunda y con parálisis cerebral, me iba preguntado cuándo nos recibiría el médico. Yo procuraba entretenerla diciendo que pronto lo veríamos, que era un doctor muy agradable y que la atendería muy bien (lo hacía confiando en las referencias de los pacientes que también estaban esperando con resignación).

La nuestra era la primera de las visitas programadas, por lo que la enfermera nos hizo pasar a la consulta a fin de que, tan pronto como apareciera el doctor Lima, atendiese a Sandra si tardanza y no actuase según su costumbre: mirar la lista de los pacientes y marcharse para regresar pasado un buen rato.

El doctor Juan Lima Ruíz llegó a las trece horas a la consulta. Consultó la lista y de nuevo se ausentó con una sonrisa: "Serán dos minutos", nos dijo.

Mi hija Sandra, deficiente, no entendía nada. Suele esperar a que los médicos que la visitan la saluden, le tiendan la mano, le dediquen alguna sonrisa y echen una ojeada a los papeles que siempre traigo conmigo, a fin de poner en claro el motivo de la consulta.

El doctor Juan Lima Ruíz volvió, efectivamente, a los dos minutos, o quizá fueron tres, o a lo sumo cuatro. Esta vez fue bastante puntual, todo hay que decirlo.

Cuando le tendí el papel referente a la derivación, empezó a mostrarse irritado "Siempre pasa lo mismo", dijo. "Yo soy el médico del colesterol, no sé por qué las han citado aquí."

Diría que entre él y yo se inició algo parecido a una conversación entre sordos, ya que no dejaba de lamentarse, sin mirar en ningún momento la documentación que yo traía. Mi hija Sandra, que además de ser deficiente y con parálisis cerebral, es sorda y se fija sobre todo en las expresiones faciales, empezó a ponerse nerviosa, motivo por el cual tuve que pedir al doctor que se contuviese. Por lo demás, no estaba nada segura de poder controlar las posibles reacciones de mi hija. Le pedí, asimismo que, si él no se hacía cargo de la visita, me procurase como mínimo un papel en el que se adjudicase a mi hija Sandra el médico que le correspondía por su dolencia y por derecho.

Salí, en efecto, de la consulta con una cita para la doctora Roser Solans Laque, que al parecer es especialista en vasculitis. Esperé y deseé fervientemente que fuese cierto.

Con anterioridad, el dermatólogo que mandó efectuar una biopsia sobre una de las petequias, me había dicho: "la Púrpura de Schönlein-Henoch es una enfermedad que a todos nos atrae, pero que nadie está dispuesto a asumir." Cuando me lo dijo, llegué incluso a molestarme, pero ahora empiezo a darme cuenta de que tenía razón.

No creo que le haya dicho a usted nada nuevo en esta carta. Ustedes saben mejor que yo cómo funciona el Hospital Vall d'Hebron, y no hace falta ser muy listo para ver la realidad.

Me preguntarán por qué no acudí inmediatamente a urgencias cuando vi aparecer las petequias en las piernas de mi hija Sandra. La respuesta es bien sencilla. Por desgracia, he tenido que recurrir al servicio de urgencias en Vall d'Hebron cinco veces por meningitis linfocitarias recurrentes, con un diagnóstico de enfermedad de Behçet, y estoy segura de que mi hija Sandra, deficiente profunda, no está en condiciones de soportar lo que soportan los enfermos que recurren a dicho servicio. Por ello me resisto a llevar a mi hija a ningún servicio de urgencias si no es estrictamente necesario.

No sé si esta carta servirá de algo, porque seguramente quienes la lean, cuando hayan tenido necesidad de visitar al médico de Vall d'Hebron, lo han tenido más fácil que yo. También los políticos, según los cuales "todo va bien". Pero ni ustedes ni los políticos se ven obligados a aguantar las largas listas de espera, ni el incumplimiento de los horarios de los médicos, ni las programaciones defectuosas ni otras tantas cosas.

Como consecuencia del nerviosismo experimentado el día de nuestra frustrada visita al doctor Juan Lima Ruíz, mi hija no quiso acudir a la escuela aquella tarde, se cagó encima, ensució todo lo que le vino en gana, me golpeó y estuvo muy inquieta. Fue una lástima que su rabia no pudiera descargarla sobre quien lo merecía.

Hay un refrán que dice: "siempre llueve sobre mojado", los dichos populares suelen tener gran parte de razón.

De haber continuado discutiendo con el doctor Juan Lima Ruíz, estoy segura de que Sandra, en un abrir y cerrar de ojos, hubiera empezado a destrozar la consulta hasta dejarlo todo patas arriba. Puede que algún día le permita actuar.

Al doctor Juan Lima Ruíz no le habría costado más de dos minutos ver las fotografías que llevábamos de las petequias y echar una ojeada a las piernas de Sandra. Pero, aun siendo un buen médico, le faltó algo de sentido común. Lo lamento.

No sé si mi queja irá a parar a la papelera o será archivada. Creo que, de todos modos, los hechos quedan explicados lo suficiente. Hagan ustedes lo que les parezca más conveniente.

Atentamente,

Anna Vila

Tras todos esos incidentes, nos visitó la doctora Roser Solans, que conectó muy bien con Sandra y le programó los controles con regularidad. Sandra acude a ella contenta, le cuenta lo que le duele o le preocupa y la doctora la visita siempre con detenimiento, aunque lo que Sandra le pide no se corresponda directamente con su especialidad.

EL PROCESO GASTROINTESTINAL

A lo largo de nuestra vida, hemos tenido la obligación de controlar siempre lo que come Sandra. Por ello, redacté unas normas básicas de alimentación que transcribo a continuación. Las hacía siempre utilizando colores, porque pensaba que era la mejor forma de visualizar aquello que le podía ir mal.

Estas normas las llevé al piso donde Sandra residía de lunes a viernes y a la escuela.

NORMAS DE LA ALIMENTACIÓN DE SANDRA

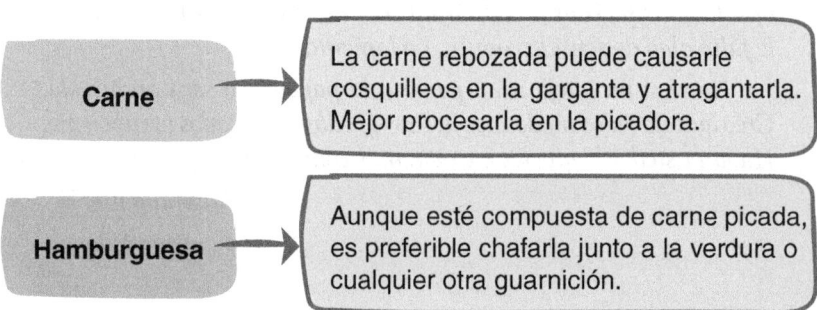

SANDRA MORERA NO MASTICA, DEGLUTE.
Come de todo, pero chafado, NO triturado con el túrmix.
Si no es posible hacerlo así, existe la alternativa de pasarlo por la picadora.

Carne → La carne rebozada puede causarle cosquilleos en la garganta y atragantarla. Mejor procesarla en la picadora.

Hamburguesa → Aunque esté compuesta de carne picada, es preferible chafarla junto a la verdura o cualquier otra guarnición.

Pescado	Si es rebozado, mejor chafarlo o pasarlo por la picadora.

Verdura	No hace falta usar la picadora, pero sí servirla bien chafada. Sandra puede atragantarse con un simple pedazo de patata o un guisante de los que componen la ensaladilla rusa.

Legumbres	La piel de ciertas legumbres le cosquillea la garganta y puede hacer que se atragante. Por ello, es mejor chafarlo todo a fondo y, si queda excesivamente pastoso o compacto, añadir leche o simplemente agua.

Macarrones y pasta gruesa	Cortar los macarrones o cualquier otra pasta gruesa en pedazos con unas tijeras, así se reduce el peligro de que Sandra se atragante. Normalmente se trata de un tipo de pasta que se deglute con facilidad.

Agua y otras bebidas con gas	Sandra suele ahogarse casi siempre con las bebidas que contienen gas. Por ello es mejor evitarlas.

COSAS QUE NO DEBE COMER NUNCA	➡ patatas de churrería y patatas fritas. ➡ Caramelos, chicles, golosinas. ➡ Salchichas de Frankfurt y similares. ➡ Pedazos grandes de todo tipo de alimentos. ➡ Pizzas.

Aunque tales normas eran bien claras, más de una vez había acudido al piso donde se hallaba Sandra a la hora de cenar y veía en su plato patatas fritas de churrería, salchichas de Frankfurt o patatas fritas normales... Es decir, en más de una ocasión mis normas eran ignoradas. Ello podía deberse a la presencia de monitores nuevos o suplentes, a quienes no se les había informado sobre los problemas de Sandra, o no se daba a mis recomendaciones la importancia que en realidad tenían.

En otra ocasión me presenté en la escuela al mediodía y vi que a Sandra le daban toda la comida pasada por el túrmix, o sea que, con lo mucho que le gustaba ver lo que comía, no sabía nunca lo que contenía su plato. Se lo comenté a una responsable y me dijo que ya llevaban tiempo triturando todos los alimentos destinados a Sandra. Insistí en que no era el proceder adecuado, ya que Sandra disfrutaba de lo que comía y le disgustaba ver los alimentos triturados. Creo que, si actuaban de tal modo, era para una mayor tranquilidad del personal, porque preparar la comida tal y como yo les había recomendado exigía mucha dedicación y vigilancia.

No llegué a saber cuánto tiempo llevaba Sandra comiendo en esas condiciones. A ella le resultaba difícil comunicármelo y yo, seguramente, tampoco la hubiese entendido. Creo que la dificultad de Sandra para hacerse entender en una situación tan compleja fue el motivo de su negativa a asistir a la escuela. Pero todo quedaba en suposiciones. La verdad no la sabremos nunca.

Dado que los problemas de Sandra con la comida no se resolvían, compré una picadora para el piso donde residía y pedí que, cuando la carne fuese demasiado fibrosa o dura, la pasaran por la picadora. No sé si la usaron, pero cuando Sandra vio que yo la llevaba al piso, se puso muy contenta.

© narcea, s.a. de ediciones

El desarrollo de los problemas gastrointestinales

Había transcurrido una larga temporada durante la cual a Sandra le costaba cada vez más asistir a su escuela, y poco a poco comenzó el proceso de una dolencia gastrointestinal cuya causa todavía hoy desconocemos. Empezó con diarreas, generalmente como consecuencia de lo ingerido.

Hasta que tal situación se produjo, Sandra comía de todo: verdura cocida, legumbres, maíz, pimientos y berenjenas al horno, tomate, etc. Se le daba la comida bastante deshecha y la toleraba sin problemas. Disfrutó siempre mucho con lo que comía: los sabores, los colores, las distintas texturas...

Sandra no se perdía ninguno de los programas televisivos de cocina: *MasterChef, Karlos Arguiñano en tu cocina, MasterChef junior, Torres en la cocina, Cocina con Bruno...* Sabía a qué hora se transmitía cada uno de ellos y, a pesar de desconocer el uso del reloj, conectaba a la hora precisa con la cadena que emitía el programa. Si alguna vez dicho programa pasaba a otra cadena, Sandra lo buscaba y, cuando lo localizaba me lo mostraba muy satisfecha. Sabía perfectamente que muchos de los platos cocinados en tales programas jamás podría saborearlos, pero se contentaba con verlos cocinar.

Cuando me di cuenta por primera vez de que Sandra no toleraba ciertos alimentos, fue un día en que le di tomate maduro pasado por el rayador y unas migas de pan, todo aliñado con aceite y sal. A ella le encantaba, pero al poco rato se produjo una auténtica explosión de excrementos, con un fuerte dolor de vientre. Lo ensució todo a su alrededor. Até cabos: causa y efecto, como se dice en medicina. Pero darle a ella explicaciones resultaba harto difícil, y a dicho episodio siguieron nuevas explosiones y dolores intestinales, todo ello producido por el tomate, hasta que al fin lo relacioné y a partir de entonces lo suprimimos de su dieta. Pero las diarreas persistían.

Le efectuaron diversos análisis de las deposiciones para buscar posibles parásitos, pero sin resultado. Con todo, se le administró un antibiótico contra los parásitos y la situación pareció mejorar algo. Pero al poco tiempo las diarreas reaparecieron sin una razón aparente.

Se trataba de diarreas mezcladas con alimentos sin digerir, que salían como habían entrado. Fue así como empecé a prescindir de los alimentos que eran evacuados sin digerir: pimientos y berenjenas asados, guisantes, maíz, espinacas, judías verdes, garbanzos, lentejas... No tardé, pues, en ver con claridad cuáles eran los alimentos a eliminar de su dieta diaria. Pero me enfrentaba a un obstáculo casi del todo insuperable: que Sandra aceptase tales cambios.

Debo recordar al lector que tenga presentes las deficiencias de Sandra y la escasa comunicación que se puede establecerse con ella cuando se trata de que entienda y acepte que no puede comer lo que tanto le gusta porque tenemos la seguridad de que es la causa de sus trastornos digestivos y de sus dolores abdominales.

Sandra comprende lo más sencillo, lo que se puede tocar, dibujar, ver en una foto, así como alguna palabra que ha logrado aprender. Pero los conceptos abstractos escapan a su capacidad de comprensión. Es cierto que todavía usamos el "plafón" y el lenguaje de signos de las personas sordas, aunque de un modo muy limitado. Siempre digo que hablamos como con los indios de los "western" que veíamos en nuestra infancia. Es así como nos comunicamos con Sandra.

Un problema añadido a sus diarreas fue que la pastilla antiepiléptica que tomaba salía la mayoría de las veces tal y como había entrado: entera. Sandra quedaba, por tanto, expuesta al peligro de sufrir ataques epilépticos, algo que, por fortuna, no sucedió.

Mientras duró dicha etapa, Sandra dejó de asistir a su escuela y permanecía en casa. Cuando tenía que ir al baño, generalmente no llegaba a tiempo y se lo hacía encima, ensuciando el pañal.

© narcea, s.a. de ediciones

Si se lo cambiaba inmediatamente, evitaba que el trasero se enrojeciera como un tomate, con la consiguiente irritación. De haber seguido acudiendo a la escuela, habría sido bastante difícil dedicarle todas esas atenciones, no por negligencia de los profesionales que la atendían, sino, las más de las veces, por unas infraestructuras deficitarias. Sandra tenía que aguantar dos horas seguidas en el autobús por la mañana, y otras dos por la tarde. Si iba de vientre durante el trayecto, la irritación empeoraba, y mucho. Cuando estaba en casa y no había podido contenerse, le cambiaba el pañal en ese mismo instante, le lavaba el trasero en el baño y le ponía una pomada contra las posibles irritaciones.

Sandra asistía a la escuela *Aspasim* y dos días a la semana, algunos chicos y chicas iban a vender sus manualidades a una tienda situada en el Poble Espanyol del parque de Montjuïch. Allí no disponían de baño y tenían que acudir a unos lavabos públicos situados en la plaza, lo que impedía que Sandra fuese atendida correctamente si se ensuciaba y con diarrea, por añadidura.

A los análisis de sangre y de las deposiciones, añadimos radiografías simples de abdomen, ecografías e incluso radiografías del intestino delgado con contraste. Todo ello sin ningún resultado que nos indicase el probable motivo de las deposiciones irregulares de Sandra.

Entretanto, yo me mantenía en contacto telefónico con el doctor Riera, el médico pediatra de Sandra durante toda su vida. Él seguía de cerca los pasos dados por los profesionales que la atendían y me aconsejaba.

Sandra volvió a la escuela alguna vez, pero iba a regañadientes, y yo seguía con mis listas de lo que podía y no podía comer. Volví a preparar una tabla con lo que podía comer y lo que no. Lo dividí en: NO tolerado, ALGO tolerado y TOLERADO, sirviéndome de los colores rojo, naranja y verde. Confeccioné una copia para la escuela y otra para el piso donde habitaba Sandra durante la semana.

© narcea, s.a. de ediciones

QUÉ PUEDE Y NO PUEDE COMER SANDRA

ALIMENTOS QUE TOLERA	ALIMENTOS TOLERADOS CON PRECAUCIÓN	ALIMENTOS QUE NO TOLERA
ARROZ	MACARRONES CON SALSA TOMATE (Mejor que no lleve mucho tomate)	LEGUMBRES (por la cascarilla)
PASTAS (caldos, macarrones ...)		GUISANTES, ESPINACAS, ACELGAS, ALCACHOFAS, BRÓCOLI, COL...
PATATA (hervida)		
CARNE (mejor a la plancha)	GUISANTES CON SALSA (que lleven mucho tomate)	
POLLO (en trozos pequeños)		MAÍZ
CONEJO (pasado por picadora)	**BEBIDAS A DISCRECIÓN**	TOMATE VERDE
		LECHUGA
PESCADO	OKEY	VERDURA CRUDA
BIMBO (untado con tomate, sacando las semillas)	ZUMO DE MELOCOTÓN (con agua)	PIMIENTO
		BERENJENA (cruda o al horno)
LECHE DESCREMADA		ZANAHORIA (cruda o hervida)
QUESO (quesitos)		EL RESTO DE LAS FRUTAS (que no sean plátano o manzana)
MADALENAS		
MANZANA (al horno, hervida)		
PLÁTANO (maduro y chafado)		**BEBIDAS NO TOLERADAS**
YOGUR		ZUMO DE NARANJA O DE LIMÓN
BEBIDAS TOLERADAS		BEBIDAS CON GAS
ZUMO DE MANZANA		
HORCHATA DE CHUFA		
INFUSIONES (manzanilla, tila)		
LECHE DESCREMADA		

Parecía que todo había vuelto a su cauce, pero un buen día regresó a casa con un fuerte dolor de vientre, y cuando fue al retrete, comprobé que la deposición contenía todos los alimentos incluidos en el *no tolerados* de mi lista.

Llamé por teléfono a la profesora de la escuela y al piso. Me costó algún trabajo averiguar lo que realmente había ocurrido, porque de entrada parecía que todo el mundo había seguido mis instrucciones al pie de la letra, pero la verdad acabó saliendo a la luz. Le habían servido un canelón de verduras y en el relleno había guisantes, maíz, berenjena, etc. Dicho descuido trajo cola. Dirigí una carta a los monitores y una reclamación formal al centro.

Redacté mi reclamación en la hoja disponible en el centro con el título de *informe de no conformidad*. Lo que había ocurrido era una falta grave, y mi opinión es que hay que dejar constancia de tales hechos por escrito. Las palabras se las lleva el viento y posiblemente yo misma hubiese acabado por olvidarlas.

DESCRIPCIÓN DE LA NO CONFORMIDAD
10/04/2007

En septiembre del año 2004, Sandra inició un proceso de diarreas constantes, cuyo origen nos costó averiguar. Tras un año y medio de pruebas, analíticas, etc., se llegó a la conclusión de que su cuerpo había acusado la intolerancia a muchos alimentos. Suprimidos estos, sus deposiciones se normalizaron a finales de 2005. En aquellos tiempos, confeccioné un esquema en color (que adjunto) para que se tuviese en cuenta lo que Sandra toleraba y lo que no.

El pasado 9 de marzo Sandra sufrió una descomposición muy fuerte, debida seguramente a una virosis contraída en la escuela y en la vivienda.

A los cuatro días, el problema se resolvió.

*El 30 de marzo, Sandra empezó a quejarse de dolor de barriga y se reanudaron las diarreas. Esta vez se podía ver en ellas **guisantes enteros, judías verdes bastante duras, pedazos de berenjena, pimiento asado con piel...** Todo ello lo había incluido en mi esquema con **la clasificación de alimentos no tolerados.** Esa misma noche Sandra sufrió un vómito en el que había guisantes no digeridos.*

Ante la cantidad de deposiciones líquidas: diez y doce durante el sábado y el domingo, así como el dolor abdominal y el malestar consiguiente, acudimos a "urgencias" en el vecino pueblo de Torredembarra. Con el paso de los días, fue mejorando poco a poco. Su intestino debió debilitarse a causa de la virosis del mes anterior y de la ingesta de alimentos NO TOLERADOS, lo que sin duda fue asimismo la causa de que la descomposición fuese más fuerte.

*Llamé a "La Selva" (la vivienda de Sandra) ese mismo viernes, 30 de marzo y hablé con Núria, quien me confirmo que le habían servido un **canelón con verduras.***

Mi disconformidad se basa en lo siguiente:

¿Si existen unas normas bien claras en lo que atañe a la alimentación de Sandra, por qué motivo se transgreden? Quien paga las consecuencias de dicho error es la misma Sandra, que puede pasar días o semanas sin rehacerse, y no solo ella: también yo me veo obligada a modificar todas mis actividades laborales y familiares para poder atenderla, y a la vez, tengo que buscar a alguien que se ocupe de ella cuando a mí me resulta imposible permanecer a su lado, con el consiguiente dispendio económico.

Ruego una vez más que las notificaciones que hacemos los padres se tomen en serio. Es la salud de nuestros hijos lo que está en juego.

Pienso que un error semejante no es tolerable ni justificable. El hecho de que Sandra desee degustar los mismos alimentos que sus compañeros de mesa no es motivo suficiente para que no se respeten unas prescripciones bien claras, con unas consecuencias no deseables, como se ha visto. Se le podía haber servido un canelón de patata y atún, pero ello requiere imaginación y trabajo, ya que tales canelones no vienen ya preparados.

La descripción de mi disconformidad la he efectuado porque pienso que el hecho expuesto es bastante grave y así lo merece.

Atentamente,

Anna Vila

Todo el trabajo que estuve haciendo durante meses para mejorar las deposiciones de Sandra se vino abajo a causa de un canelón de verduras. Su diarrea no se redujo hasta transcurrido un mes y medio. Una temporada durante la cual Sandra tuvo que quedarse en casa por su estado y que yo tuve que costear, por un lado, la escuela (a la que no asistía) y por otro, los canguros. Todo por el descuido de una profesional, que no hizo otra cosa que pedir disculpas.

Al mismo tiempo, Sandra se quejaba de un dolor constante en el lado derecho del vientre y las deposiciones irregulares persistían a pesar de permanecer en casa con un régimen estricto.

A fin de ayudarla a digerir, de acuerdo con el doctor Riera, decidimos suministrarle *Ultralevura* por la noche y a diario, lo que podía servir para proteger algo el intestino. A ella, como mínimo, le parecía que le dábamos un remedio para sus dolencias.

La doctora Solans, que seguía visitándola con regularidad para la *Púrpura de Schönlein-Henoch*, se interesó por los problemas digestivos de Sandra y apuntó la posibilidad de que fuese celíaca.

En vistas de esta remota posibilidad, empecé a seguir con ella un régimen para celíacos, pero pronto pude descartarlo gracias a las analíticas que la misma doctora Solans había solicitado.

Tras ver todas las pruebas efectuadas sin resultado alguno, la doctora propuso ingresarla en el hospital para recurrir a nuevas analíticas, a un TAC y una colonoscopia.

En lugar de seguir con mis explicaciones, transcribo *la carta* que envié a los medios de comunicación, más una copia para el hospital. En ella se exponen con toda claridad los hechos que sucedieron. Adjunto también una copia de la carta de respuesta del hospital. Un texto que, lamentablemente, nada nos resolvió. En cualquier caso, tengo la convicción de que merece la pena recurrir a las reclamaciones, ya que la suma de estas ayuda a modificar unas conductas perjudiciales para las personas que, por desgracia, no tenemos otro remedio que frecuentar a menudo tales establecimientos sanitarios.

Una copia de mi carta la envié también a amigos y conocidos, y me resultó de lo más gratificante recibir sus respuestas en las que me brindaban su ayuda y su compañía. En unos momentos en los que nos sentimos indefensos ante las grandes estructuras sanitarias, el apoyo de otras personas la ayuda a una a superar tan lamentables episodios.

VALL D'HEBRON Y DEFICIENCIA

El viernes 15 de octubre ingresamos a mi hija Sandra, con parálisis cerebral y un 88% de deficiencia (reconocido por la Generalitat de Catalunya) en el hospital Vall d'Hebrron, a fin de efectuarle unas pruebas por unas deposiciones irregulares, en evolución a lo largo de un año.

Compartimos habitación con la señora Engracia, una mujer de unos 87 años cuya vida tocaba a su fin.

Dado que en esa misma semana no se podía realizar ni el TAC ni la colonoscopia, nos permitieron regresar a casa durante el fin de semana, lo que no dejamos de agradecer.

La noche del domingo en que regresamos, vi que la señora Engracia seguía en la habitación. Pregunté al hospital si tenían previsto, en tales casos, que las últimas horas de un enfermo en ese estado, pudiese pasarlos en compañía de los suyos con mayor recogimiento e intimidad.

No estaba previsto, y la señora Engracia moriría al lado de Sandra y con los familiares que la acompañaban reprimiendo sus emociones, pues ellos sí que sentían el debido respeto por su madre y por Sandra.

Por fin, la tarde del martes se le programó el TAC, lo cual suponía que Sandra, deficiente profunda, sorda y nuda, habría de entender como cualquier persona con el 100% de sus capacidades, que ese día no podía beber ni comer desde las 9 de la mañana hasta las 6 de la tarde.

Dado que los TACs se efectúan durante todo el día, pedí, si era posible, hacerlo por la mañana, pero se negaron pues, al parecer, no lo permiten los protocolos. Si que me aseguraron que se lo harían a primera hora de la tarde. Luego pude comprobar que se había recurrido a una simple excusa para hacerme callar, puesto que acabaron por realizarlo a las 6, como tenían previsto. Una paciente de la misma planta a quien también debían efectuarle un TAC por la tarde, en el mismo departamento, cedió su turno a Sandra, pero de nada sirvió.

A causa de su deficiencia, a Sandra siempre se le han realizado los TACs con sedación, pero al parecer, tampoco ese requisito se incluye en los protocolos del hospital Vall d'Hebron.

Como es natural, Sandra acabó estallando y no se dejó efectuar el TAC, únicamente la foto. Fue un TAC incompleto con la siguiente observación: "la paciente no colabora".

Se me notificó que el viernes se le realizaría la colonoscopia, que no podía cenar y que tenía que beberse dos botellas de un líquido con un litro de agua inmediatamente después. Me resulta del todo imposible convencer a Sandra para que acepte lo que se le prescribe. De ahí que, con la doctora que la atendía, decidimos que la preparación se llevaría a cabo con una lavativa, como se hacía en otro tiempo. Yo sabía que eso Sandra lo aceptaría. Pero cuando quise convencerla de que aceptase que no podía cenar, me golpeó. Por su condición, a Sandra le resulta muy difícil hacerse cargo de ciertas contrariedades, más aún si se van sucediendo una tras otra. Tras la espera del TAC y todo lo demás, explotó.

Comuniqué al hospital que renunciábamos a la colonoscopia, y por ello, la mañana de ese mismo miércoles regresábamos a casa casi como habíamos ingresado. Eso sí, con una diferencia: Sandra llevaba meses pidiendo acudir al hospital Vall d'Hebron para que le resolvieran su problema digestivo, y ahora, naturalmente con el lenguaje de signos, me indicó que para ella todo había terminado y que no quería volver jamás al hospital. Le dominaba el pánico.

Ese mismo miércoles, por la mañana, el gerente del hospital nos obsequió con una taza para conmemorar "el día del paciente". Después de todo lo ocurrido me dio la impresión de que se estaban mofando de nosotras. Lo que necesitamos es un buen trato, seamos deficientes o no. Tazas tenemos bastantes en casa.

- *La señora Engracia había muerto mientras nos hallábamos en la sala del TAC, y cuando regresamos a la habitación no se nos permitió entrar como Sandra acostumbraba. Y lógicamente no pudo entender el motivo.*

- *En la dieta astringente que proporciona el hospital abundaba la berenjena. Sandra no la tolera y el hospital lo sabía.*

- *Sandra se ha negado siempre a ver a sus abuelos cuando viven sus últimos días, y se ha visto forzada a acompañar a la señora Engracia en tan penoso trance.*

- *Las habitaciones constan de un único lavabo (compartido con la habitación contigua) y cuando alguien entra en él, una luz piloto de color naranja parpadea hasta que el lavabo vuelve a quedar libre. En nuestro caso, nos pareció estar en una discoteca, sobre todo durante la noche.*

- *La luz de los pasillos no reduce su intensidad en las horas nocturnas, y cada vez que un miembro del personal sanitario entra en la habitación, el paciente se despierta.*

Agradezco al personal de enfermería de la 3ª planta de medicina interna el trato recibido, y siento de veras que no puedan hacer nada para mejorar unas situaciones que dependen tan solo de la organización de ese macro hospital que carece de la voluntad de actuar. Anteriormente, quien entraba en el hospital para ser atendido era "el enfermo", después pasó a ser un "paciente", y ahora ya no es ni una cosa ni otra, ahora somos "usuarios". Puede que de ahí provenga la deshumanización de la medicina.

Ah, y deseo manifestar una profunda gratitud a los familiares de la señora Engracia, que en todo momento comprendieron la situación de Sandra. Les agradezco el comportamiento ejemplar que tuvieron con ella y las concesiones que se vieron obligados a hacer, forzados a contener sus emociones por la pérdida de su madre en una habitación compartida con una persona deficiente.

Anna Vila Badía

© narcea, s.a. de ediciones

RESPUESTA DEL VALL D'HEBRON

Apreciada Sra. Anna Vila.

En respuesta a su reclamación registrada con fecha 25 de octubre de 2010, esta dirección lamenta profundamente lo que nos expone y le pide disculpas por no haber sabido conseguir que la actuación sanitaria hiciese más soportable la estancia en este centro.

Es cierto que usted lo pasó muy mal, y su hija peor. A modo de explicación, y no para justificarnos, hay que decir que estamos trabajando dentro de una macroestructura, como usted dice, con sus ventajas y sus inconvenientes, y ello nos obliga a tener unas normas que hay que cumplir y a que se deban seguir determinados procedimientos a fin de obtener la finalidad que perseguimos.

Se trata de un hospital muy grande, donde trabajan conjuntamente y de un modo interrelacionado muchas especialidades, porque de continuo se requiere la realización de pruebas. Dichas pruebas se programan con antelación y con frecuencia nos hallamos en unos períodos muy largos de espera, algo que nadie desea.

Nos consta que el médico de Medicina Interna que atiende a su hija se comunicó personalmente con los Servicios de Radiología y Endoscopia, y teniendo en cuenta la situación de base de discapacidad de Sandra, acordó con dichos Servicios programarla rápidamente sin esperar la orden que hubiera correspondido por lista de espera.

Usted considera que el protocolo fue rígido cuando en su caso no lo fue tanto, ya que, teniendo en cuenta su situación, se adelantó la prueba. Comprendemos que esté usted enfadada por la hora que se programó la prueba; no obstante, con la voluntad de avanzarla, nadie pensó en la necesidad de que fuese a primera hora, cosa que lamentamos, y de nuevo le pedimos disculpas.

© narcea, s.a. de ediciones

En lo que respecta a su insatisfacción por falta de sedación, solo podemos pedirle disculpas, puesto que no se programó la prueba adecuadamente, y tomamos nota para que no vuelva a producirse.

Decirle que entendemos perfectamente sus argumentos, cuando nos denuncia el hecho de haber tenido que compartir habitación en un momento tan grave como fueron las últimas horas de la Sra. Engracia, pero puede estar usted segura de que, si hubiera sido posible cambiarla de habitación, se habría hecho.

En lo que atañe a la luz, a pesar de las incomodidades que genera, se trata de algo necesario, aunque durante la noche, si molesta el parpadeo, se puede solicitar que lo cubran.

También nos sabe mal que, para usted, recibir una taza suponga un nuevo escarnio, pero su finalidad no es otra que proporcionar un pequeño detalle a las personas ingresadas.

Seguiremos trabajando para tener en cuenta que unas situaciones como la suya no se vuelvan a repetir, porque es objetivo de este Centro proporcionar al enfermo una atención no solo técnica sino también humana, aunque a veces no podamos conseguirlo.

Reiteramos nuestras disculpas y quedamos a su disposición.

Cordialmente

Dr. Joan Fernández Náger
Director de Procesos Médicos

Barcelona, 23 de diciembre de 2010

Es una respuesta correcta, que intenta mostrar empatía y, aunque nada se podía solucionar, me gustó recibir esta carta en la que se analizan los puntos por mí comentados y, a pesar del esfuerzo que se hace para justificarlos, el director acaba pidiendo disculpas.

Mucha gente piensa que las reclamaciones de nada sirven, pero yo he estado siempre convencida de que sí tienen utilidad, siempre y cuando estén bien documentadas y no se basen en un arrebato momentáneo, sino en unos hechos ocurridos y demostrables.

He efectuado reclamaciones para Sandra, y otras veces para mí y para mis padres, cuando lo he creído conveniente, y estoy convencida de que han ayudado a modificar conductas, unas veces negligentes y otras veces en las que, por una praxis rutinaria, pasan por alto detalles importantes.

Durante nuestra estancia en el hospital, ocurrió también algo que me hizo sentir muy mal.

Cada día pasaban muchos médicos a visitar a Sandra y todos ellos formulaban preguntas y más preguntas, y le efectuaron más de una analítica. De una de ellas resultó que Sandra tenía unos niveles de hierro muy bajos. Uno de los médicos que la visitó me dijo que habría que inyectarle hierro en vena. Sandra estaba ya muy asustada por todo lo ocurrido y yo pensé que solo faltaría que viese que le ponían algo distinto a lo que acostumbraban. Tenía idea, además, de los posibles efectos secundarios que podía causarle. Le dije al médico que me negaba a que le inyectasen hierro y que yo resolvería el problema al salir del hospital, con los médicos que trataban habitualmente a Sandra.

No sé si se sintió ofendido o qué fue lo que sucedió, pero me dio toda una explicación, haciéndome sentir culpable. Si algo le ocurría a Sandra por su falta de hierro, la culpa sería mía.

Los padres de chicos y chicas deficientes conocen muy bien a sus hijos y a veces se niegan a unos tratamientos que, si se tratase de hijos normales, a los que se puede explicar todo, no lo harían, y en nuestro caso, debemos asumir toda la responsabilidad de lo que pueda ocurrir, pues son pocos los profesionales que se hacen

© narcea, s.a. de ediciones

una idea de la complejidad de la persona a la que se enfrentan. Y los padres cargamos con las culpas de todo lo que pueda sobrevenir y, si es preciso firmar documentos, los firmamos, porque, en definitiva, amamos más que nadie a nuestro hijo.

No era la primera vez que habían hecho que me sintiera culpable. Recuerdo muy bien el día en que asistí al teatro en Terrassa. Había dejado a Sandra con Àngels, la canguro, y justo en el momento en que ya estábamos en la cola para acceder a la sala, recibí una llamada de Àngels en la que me comunicaba que Sandra se había desvanecido y no recobraba el sentido. Le dije que llamara al 061 y que yo acudiría inmediatamente. El trayecto de Terrassa a Barcelona se me hizo eterno.

Efectivamente, acudieron los servicios del 061, aunque sin médico. Al ver que pretendían llevársela al hospital, Àngels volvió a llamarme. Le dije que de ningún modo permitiese que se llevaran a Sandra en la ambulancia y que se negara en redondo. A los pocos minutos, recibía la llamada del 061 y una doctora me dijo que era conveniente ingresar a Sandra en el hospital, y que, si me negaba, de lo que pudiese ocurrir, sería yo la única responsable. Asumí el riesgo.

Al fin llegué a casa. El personal del 061 ya había abandonado mi domicilio, pero me esperaban en la calle para que firmara un papel en el que quedaba clara mi negativa a aceptar que se llevasen a Sandra, así como mi responsabilidad ante todo lo que pudiera sucederle.

Lo que, con toda seguridad, había tenido Sandra era un ataque epiléptico, con pérdida de conocimiento, y si tardó algo más a recuperarse, fue porque Àngels no la tendió en el suelo, sino que la dejó con la cabeza reclinada sobre la mesa,

Si Sandra hubiese ido a urgencias, lo más probable es que no la hubieran visitado hasta la mañana siguiente. Su nerviosismo habría ido en aumento y probablemente habría sufrido un nuevo ataque epiléptico. En casa permaneció tranquila, se durmió y a la mañana siguiente, estaba como si nada hubiese ocurrido.

Es cierto que alguna vez puedo equivocarme. Correré el riesgo.

Pero si seguimos la sucesión de la mayor parte de los hechos que van aconteciendo a lo largo de nuestra vida, veremos que siempre hay un principio y un final, aunque a veces nos cueste verlo o apreciarlo.

La verdad, sin embargo, es que yo no conseguía ver el final de los problemas digestivos de Sandra, porque a pesar de seguir un régimen estricto y de evitar los alimentos que sabíamos que no toleraba, se repetían sus deposiciones irregulares, dolorosas y sin digerir.

La solución inesperada

Un día sucedió algo que supuso un atisbo de esperanza para el final de todo aquel problema. Estaba yo en la cocina preparando la comida, Sandra se me acercó y me hizo unas señas con las manos que yo no entendía. Al fin, muy decidida, se acercó a una cesta que contenía cebollas y con las manos me conminó a cortarlas y a ponerlas a cocinar.

Así, de un modo tan sencillo, Sandra halló la solución para su problema. Pensé que nada perdía con incluir cebolla frita en todas sus comidas, y así lo hicimos desde entonces.

A los pocos días, sus deposiciones fueron adquiriendo consistencia. No le dolía ya la barriga y las diarreas aparecían únicamente durante la regla.

Su demanda me llevó a pensar en la actitud que muchos animales adoptan para resolver sus problemas digestivos: cuando se hallan en el campo, comen hierbas, raíces, y por lo que he oído comentar, van en busca de lo que más les conviene.

Sandra necesitaba cebolla para su barriga y ella misma, a pesar de su deficiencia, fue en busca de la solución.

Trascurrido algún tiempo, mi actitud prudente respecto a la posibilidad de demostrar que la solución había sido la cebolla me indujo a mandar una carta al Dr. Riera, contándole como nuestro problema se había resuelto. Transcribo, entero, el texto de dicha carta a fin de que el lector pueda cerciorarse de lo que realmente se produjo. Inicié mi misiva con el lema *"Viva la cebolla"*.

Barcelona, a 13 de septiembre de 2013

Hola Marc:

Te dirás: ¡Qué raro el "asunto" que me plantea esta mujer!

Te lo cuento.

Desde el día que vinimos con Sandra a tu consulta, ha sucedido lo siguiente:

Un buen día, debió de ser hacia el mes de mayo, Sandra se lanzó directamente hacia donde guardo las cebollas y las patatas, y con mucha insistencia, como si se tratara del deseo de una mujer en pleno embarazo, me pidió que le cocinara cebolla pequeña y "pochada". Así lo hice. Día tras día, iba introduciendo cebolla en sus manjares, patatas con cebolla, macarrones acompañados solo de cebolla, arroz con cebolla... Vaya, que en todas sus comidas había cebolla. Suprimí también el tomate, y evitaba las leches y derivados. Tan solo leche de soja. Empecé asimismo a introducir un plátano y una manzana pasados por la licuadora, en sus meriendas. Inmediatamente empezaron a solidificarse sus deposiciones y ya no padecía los accesos de dolor de vientre, que provocaban que no llegase a tiempo al retrete y ensuciase el pañal.

© narcea, s.a. de ediciones

Sigo dándole Ultralevura antes de la cena. Es también un recurso para que quede convencida de que le doy algo para la barriga.

Actualmente acude dos veces al día al baño, y en muchas ocasiones solo una vez, generalmente al váter, algunas veces la caca es pastosa, pero correcta casi siempre.

Si está conmigo, casi nunca se lo hace encima. Con las canguros se contiene menos.

Es algo de lo más curioso. Ella misma ha hallado el remedio para su dolencia.

Las analíticas se han estabilizado y no padece ya tanta anemia por carencia de hierro. La Dra. Solans (internista del Vall d'Hebron) quedó alucinada y dijo que ignoraba que la cebolla produjese tales efectos. Pero lo cierto es que se dio el caso de pasar de causa a efecto. De no ser así, no habría conseguido atar cabos.

Diría, con todo, que Sandra se está haciendo mayor. Le cuesta mucho salir de casa. Debe existir un buen motivo que la haga desplazarse. Por lo demás, está tranquila, lo cual es muy importante. Ella, de hecho, ha visto a mi tía, que se pasó treinta y cinco años sin salir de casa, algo que Sandra debe considerar normal. Nosotros, en realidad, habíamos vivido siempre semejante situación, y a la larga ya no nos parecía extraña. También mi madre, cuando mi padre falleció – hará unos dos años y medio-, no ha salido de casa más que para ir al médico o si mi hermano Miquel o yo la llevamos a comer a un restaurante o a asistir a algún acto, sin permitirle que se resista.

Durante todo el verano, en el pueblo de Altafulla, Sandra se ha bañado solo dos veces y tampoco ha querido salir al paseo, frente al mar. Sí que ha participado, en cambio, con entusiasmo, en la feria de artesanos, en la que montamos un puesto durante cuatro días, de las siete a las doce de la noche.

Sus piedras pintadas consiguen aún que desee salir de casa, y mientras dure su entusiasmo, haré lo posible por mantenerlo.

© narcea, s.a. de ediciones

En cambio, cuando venimos a nuestro domicilio de Igualada, sí que le ilusiona seguir de cerca las reformas en el piso que estamos rehabilitando. Le gusta participar cuando estamos escogiendo los muebles, o los colores de las paredes: ver las obras en marcha, decir lo que cree que hace falta... La verdad es que no olvida ni un solo detalle.

Hemos entrado, pues, en una nueva etapa llena de dinamismo, y mi esperanza es que cuando nos instalemos definitivamente en Igualada, pueda emprender de nuevo cierta actividad. Intentaré que acepte acudir a la escuela, aunque sea solo por la mañana, y si no lo consigo, buscaré un lugar al que pueda acudir para hacer algo de recuperación o ejercicio. Las nuevas instalaciones creadas por la escuela Àuria, justo al lado del ambulatorio, están muy bien. Las visité y creo que Sandra se podría adaptar a ellas, aunque solo fuera por la mañana, porque en casi todas las escuelas, las comidas proceden de un catering y echarían a perder todo lo conseguido.

En cualquier caso, tendré que irme adaptando a lo que venga, como siempre.

Actualmente, tenemos instalada una exposición en la biblioteca de Piera, donde ya presentamos el libro "La piedra insólita" el pasado 2 de septiembre. Sandra estuvo presente durante el montaje de dicha exposición y en la presentación del libro, que fue una de las mejores que hemos vivido. La presentación corrió a cargo de Montse Martín, la canguro de toda la vida de Sandra.

Bien, creo haberte puesto al corriente de todo lo sucedido. En cuanto nos instalemos en Igualada, te lo haré saber, a menos que no nos veamos antes por algún problema de Sandra.

Muchas gracias por estar siempre a nuestro lado.

Un abrazo

Anna Vila

Unos días más tarde me contestaba mostrando su perplejidad y diciéndome que había comentado el contenido de mi carta con una doctora de Medicina Interna del hospital de Igualada, y que a ella también le habían sorprendido mis explicaciones, ya que le eran desconocidas las propiedades ocultas y curativas de la cebolla.

Algún tiempo después, el Dr. Marc Riera murió repentinamente. Para Igualada fue una pérdida importante, y yo, de golpe, me sentí huérfana ¿A quién acudiría a comentar mis problemas con Sandra? ¿Sus inexplicables enfermedades? ¿A quién recurriría cuando me enfrentase a una situación difícil de resolver sobre la salud de mi hija? Hacía más de cuarenta años que teníamos al Dr. Riera a nuestro lado en todo momento y en todo lo referente a Sandra. Y ahora nos habíamos quedado sin la posibilidad de seguir sus consejos. Nadie lo sustituyó, y cuando tuve que decidirme en situaciones difíciles, he pensado en él, intentando adivinar cuál hubiera sido su parecer, siempre sensato y práctico.

Pasado algún tiempo después de todo lo ocurrido, mi madre me mostró un artículo de dos o tres páginas aparecido en La Vanguardia, en el cual se ponen de manifiesto las propiedades depurativas y curativas de la cebolla.

Tengo siempre cebollas en la cesta de casa y, ahora que poseo un pequeño huerto, lo primero que he plantado han sido cebollas. "Sobre todo, que no falten", diría mi madre.

© narcea, s.a. de ediciones

2

Días felices

Recuerdo la entrevista que me hicieron unos estudiantes de ESO. Uno de ellos me dijo: "Siempre hablas de los problemas de Sandra, pero... ¿existen momentos felices?

En aquella ocasión me resultó difícil responder, y creo recordar que salí del paso como pude, relatando alguna anécdota divertida, breves momentos, períodos muy cortos de nuestra vida.

Los días felices con Sandra se sucedieron en el verano de 2007. Los veranos solía alquilar un apartamento frente al mar, en la playa del pueblo de Altafulla, cercano a Tarragona. Acostumbraba a llevar conmigo un montón de cosas para que Sandra se entretuviese: puzles, *memorys*, ordenador, cuadernos de dibujo, bolitas para confeccionar collares y brazaletes, libros para copiar, el tambor de costura, pinceles con pinturas, mandalas para pintar usando el ordenador...

Cuando Sandra pasaba un buen rato con alguno de estos entretenimientos frente al mar, solía pedirme que le hiciera una foto. Conservo fotos y películas de esos momentos, en los que se la ve realizando toda suerte de actividades.

EL NACIMIENTO DE UNA ARTISTA

Un día, mientras fotografiaba unas piedras que había coloreado con unas pinturas adquiridas en una tienda de "todo a cien", de pronto me asaltó una idea. Vi que esas piedras pintadas eran muy diferentes de las que había pintado en veranos anteriores, no supe descifrar muy bien lo que tenían de especial, pero algo había en su forma de combinar los colores que, a mi parecer, las convertía en arte. De inmediato le compré pinturas acrílicas de mejor calidad, así como unos buenos pinceles. Fuimos a buscar más piedras junto al mar y Sandra se puso a pintarlas con entusiasmo. Yo iba sacando fotografías de esas piedras, buscando unos fondos y una luz que hiciese resaltar todo aquel conjunto de colores que ella había estampado en unos simples guijarros de playa.

Jamás he sabido si se trata de un defecto o de una cualidad mía, pero cuando algo me apasiona, me lanzo a ello de cabeza y pongo todos los sentidos y dinero para llevarlo adelante, sin pensar en las posibles consecuencias.

No sabía muy bien en que podía convertir las piedras pintadas por Sandra, pero en ellas veía muchas posibilidades. Unas posibilidades que podían hacer que ella accediese a salir más al exterior y a que se sintiese valorada por personas ajenas al círculo familiar, que no ha dejado de tener en cuenta sus pequeñas habilidades.

Pedí unos sencillos consejos a mi sobrino Marc, fotógrafo profesional, para mejorar mis fotos de las piedras de Sandra. El ámbito en que me movía era bastante limitado: la playa, el mar frente a nuestro apartamento, las casas bajas del paseo marítimo de Altafulla, la gente que corretea por la playa y, sobre todo, las espectaculares salidas y puestas de sol. Con ello tenía bastante para empezar.

Hice miles de fotografías. Para cada piedra pintada por Sandra buscaba fondos distintos, intentando siempre combinarlos con la mezcla de colores que ella escogía. Y detrás de cada piedra ponía

© narcea, s.a. de ediciones

un número y la guardaba en unos pequeños cajones de madera que compré para la ocasión. Las distintas fotos de cada piedra las registraba con otros números, así, por ejemplo: la piedra n° 7 podía poseer hasta veinte o treinta fotografías.

Sandra seguía pintando piedras, la mayoría de las veces al pie del apartamento del paseo marítimo de Altafulla. La gente se detenía a ver cómo iba combinando los colores y yo iba barruntando de qué forma podía poner orden y dar un sentido a aquel montón de pedruscos.

Se producía, además, un hecho curioso: cuando acababa de pintar una piedra, la examinaba con mucha atención y, si no le gustaba el resultado, volvía a pintar encima o me exigía que la lanzase al mar. Si a mí me parecía aceptable la combinación de colores, me la guardaba en el bolsillo tras simular que la echaba a las aguas, pero ella intuía mi estrategia y no cedía hasta que realmente me había deshecho de la dichosa piedra. Sandra era la artista y decidía lo que había que hacer con su obra. Mi papel era el de una simple ayudante que tenía que someterse al criterio del pintor.

Sandra dando vida a sus piedras frente al mar de Altafulla.

LAS EXPOSICIONES Y FERIAS

La primera salida pública de las piedras de Sandra tuvo lugar en su escuela, aprovechando la comida que cada año se organiza para las familias con motivo de las fiestas navideñas.

Puse mis fotografías en cartulinas de colores y algunas las enmarqué, usando marcos adquiridos en Ikea. Las colgué todas en el comedor destinado al ágape. Las piedras gustaron mucho, pero bien pocas se vendieron.

Un técnico informático, ajeno al personal de la escuela, a quien se recurría para ciertos trabajos, al ver las fotografías se entusiasmó y me propuso confeccionar una página web para las piedras. Al poco tiempo, Sandra tenía su página web personal, hecha con mucho gusto y sin coste alguno. Un regalo del técnico informático, que confió en las piedras de Sandra.

A este primer intento, siguió una exposición en la *librería Tastalletres* de la población de Cervera. Esta vez ya con unos marcos mejores, de colores más uniformes y con paspartús apropiados. Feliu, mi marido, hizo la presentación y nos acompañaron familiares y amigos. Sandra estaba radiante. A pesar de no hablar ni oír, agarró el micrófono e hizo una disertación. La gente que no conocía a Sandra quedó de una pieza al ver y oír aquella chica que iba emitiendo unos sonidos guturales sin articular ni una sola palabra. Pero todo el mundo aplaudió su conato de discurso.

Fue muy emocionante. Por primera vez en su vida, Sandra participaba en una exposición, no por ser deficiente sino por su arte: las piedras pintadas.

Mientras teníamos montada la exposición de Cervera, tuvimos la oportunidad de presentar todo su trabajo en la Sala Municipal de exposiciones de Igualada, nuestra ciudad natal. En ella expusimos unos treinta cuadros. Sobre unos aparadores con un fondo de arena blanca, pusimos las piedras que figuraban en las fotos. Del techo de la sala colgaba un móvil muy grande con fotos de las piedras. Los cuatro aparadores que daban a la calle, también los engalanamos. Mandamos confeccionar un "plóter" de gran tamaño con una fotografía de todas las piedras juntas, efectuada por mi sobrino Marc. La verdad es que daba gozo verla. Los niños se detenían en los aparadores y, acto seguido, querían entrar a ver la exposición. Aquel estallido de colores les llenaba de curiosidad.

Confeccioné un vídeo explicando quien era Sandra y todo el proceso seguido hasta llegar al momento de su dedicación a las piedras que pintaba. Mientras duró la exposición, ese vídeo se iba proyectando a un lado de la sala.

Nuestra exposición fue una de las que ese año contó con más afluencia de público en la Sala Municipal de exposiciones de Igualada.

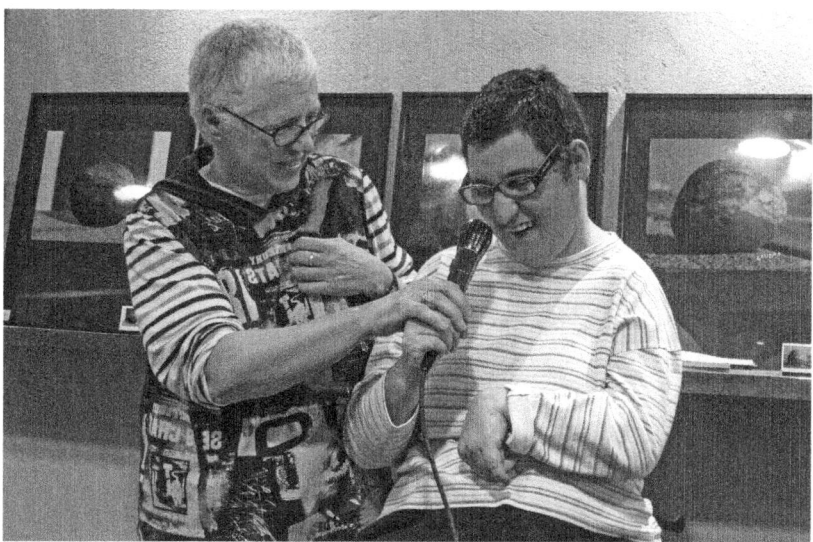

Sandra, micrófono en mano, protagonista absoluta en la presentación de su exposición en la *librería Tastalletres*.

En una mesita dejé un cuaderno para que los espectadores expusieran sus opiniones. Guardamos dichos textos como un muy grato recuerdo por su importancia: permiten ver con claridad la primera reacción ante una mescolanza de colores tan especial.

En el cuaderno que nos ha acompañado a lo largo de las exposiciones que hemos realizado, se han ido recopilando las opiniones de los visitantes. Sandra ignora lo que dicen esas letras, pero sabe que hablan de ella y de su trabajo con las piedras, y ello la hace feliz.

Reproduzco algunos de dichos textos a continuación, porque creo que merece la pena ver los sentimientos que despertaba, en unas personas que no nos conocían, esas piedras pintadas con las franjas de colores típicas del arte de Sandra.

Por otra parte, la gente que conocía a Sandra desde pequeña admiraba su evolución y lo dejaba escrito en nuestro cuaderno.

Fragmentos del cuaderno de firmas
que nos acompañaba en las exposiciones

Sandra, és una meravella com expresses la teva creativitat. Sincerament moltes felicitats i que per molts més anys ens facis aquest regal visual Sandra. M'han alegrat d'haver vist una obra d'art tan "magnifica".
Una abraçada de [firma] Camilla
12 novembre 2009

Sóc dibuixant des de fa més de 30 anys i aquets colors tenen molta vida. La combinació que fas esdevé fantàstica i molt subtil. Gràcies!!!
[firma]

Has estat capaç de millorar la bellesa de la naturalesa amb els teus colors.
[firma]

Casi todos los comentarios aludían a la riqueza de los colores utilizados y mezclados por Sandra, así como a las emociones que les habían producido. Sandra, con sus pinceladas sobre las piedras, había hecho surgir sentimientos muy diversos y entrañables en las personas que las contemplaban. Era realmente emocionante.

Como Sandra veía que Feliu y yo preparábamos lo que teníamos que decir en la presentación de sus exposiciones, no tardó en preparar también sus esbozos, y llenaba páginas enteras con sus garabatos ininteligibles, que también he querido reproducir en las siguientes páginas del libro, que a ella le servían de apuntes cuando se le pasaba el micrófono.

En el primer fragmento vemos una línea divisoria tras las primeras tres líneas. Entendemos que a ella le sirve para definir los puntos que desea comentar, y más abajo unos guiones que, sin duda, son una imitación de lo que hacemos Feliu y yo cuando preparamos una conferencia o un pequeño discurso.

En el segundo fragmento puso su nombre arriba, a la derecha, como para consignar que se trataba de lo que ella iba a decir. De ese mismo día hay dos páginas con su nombre y el de Feliu. Seguramente lo hizo para especificar a quién correspondía cada comentario que preparaba. También puede verse que existen dos SI. Es algo que incluye con cierta regularidad en lo que escribe. Sabe sin duda que se trata de un término positivo. En ninguno de sus escritos aparece la palabra NO.

Fragmentos de sus apuntes

SANDRA

A la exposición de Igualada siguieron otras, una de ellas en la *Galería Paspartú* del barcelonés barrio de Gràcia. En esta ocasión, Sandra compartía galería con otra fotógrafa, Nona Codina.

Dado que mi mente no cesaba de barruntar, pronto confeccioné otros productos con las piedras de Sandra, de manera que nuestras exposiciones iban acompañadas de postales, puntos de libro, pósteres, camisetas, fotografías numeradas... todo con las piedras pintadas de Sandra como motivo principal.

Para la exposición de la Biblioteca de Sant Cugat, confeccionamos unos abanicos magníficos con los puntos de libro; también hicimos unos pósteres, donde figuraban centenares de piedras, que colgaban del techo de toda la sección infantil. La verdad es que daba gozo verlo.

De todo ello se hizo eco TV Barcelona. Vinieron a casa y dedicaron un reportaje a Sandra y a sus piedras.

Mi cabeza seguía en plena ebullición y, al ver que Sandra estaba tan contenta y participativa, opté por dar un paso más.

La Feria de Altafulla

Desde hace años, en Altafulla se celebra una feria de artesanos muy bien preparada y en la que había participantes de mucha calidad. Algunos veranos la habíamos frecuentado y nos deteníamos ante los distintos puestos. Lo hubiéramos comprado todo de lo bonito y deseable que nos parecía.

Así, sin pensarlo dos veces, hablé con uno de los organizadores y en abril de 2009 redactaba la solicitud a nombre de Sandra y con fotografías de los productos que pondríamos a la venta. Poco después, y a pesar del exceso de demanda existente, recibía la confirmación de que nos habían admitido en la feria de ese verano.

Necesitaba una tienda ambulante, fácil de montar, que pudiese colocar en el coche con facilidad y que a la vez nos resguardase del sol. Me metí en internet y di con lo que buscaba. La fabricaban en un país báltico y llevaba la representación un almacén de L'Hospitalet de Llobregat. Efectué el pedido y el primer pago, también por internet, y a los quince o veinte días pasé a recogerla.

Entretanto, yo iba explicando a Sandra que teníamos una tienda ambulante y que ese año participaríamos en la Feria de artesanos de Altafulla. Ella hacía que sí con la cabeza y se le notaba muy contenta.

La verdad es que preparar todo el material supuso un ajetreo considerable, pero la ocasión lo merecía. Una vez más, Sandra participaría en un acontecimiento para gente "normal" y, por encima de todo, yo sabía que los organizadores habían aceptado su trabajo, no por ser la obra de una persona deficiente sino por su valía.

Llegó el día tan esperado. Por la mañana fuimos a montar la tienda y lo dejamos todo listo para la tarde. Nos acompañaba Àngels, la persona que se ocupaba de Sandra cuando yo estaba trabajando en Barcelona. Yo sola no podía permanecer con Sandra en la feria, pues podía tener necesidad de hacer pis o caca, en cuyo caso teníamos que abandonar la tienda por un rato. También podía ocurrir que se cansase y pidiera volver a casa. Alguien debía quedarse entonces en el puesto y otra tenía que irse a casa con Sandra.

Fue un éxito rotundo. Sandra aguantó desde las siete de la tarde hasta las doce de la noche en el puesto, con una cara de satisfacción enorme. Se ponía muy contenta al ver que la gente que pasaba se detenía a mirar sus piedras y los productos que habíamos ido fabricando.

Confeccioné una lista con pequeñas fotografías de todos los productos y sus precios. Cada vez que una cosa se vendía, Sandra añadía un palo al lado de la foto que figuraba en la lista. Luego, cuando llegábamos a casa, hacíamos cuentas. Ella recibía siempre una parte de las ganancias del día. El resto servía para pagar los gastos y el material.

Lista de productos y precios

10 €		SAMARRETA	
10 €		CALENDARI	
1 €		1 PUNT DE LLIBRE	
2 €		3 PUNTS	
1 €		UNA POSTAL	
7 €		JOC 10 POSTALS	

5 €		POSTER	
3 €		COLLARETS	
2 €		UNA PEDRA	
5 €		3 PEDRES	
6 €		FOTO PETITA	
10 €		FOTO GRAN	

Yo llevaba un cuaderno de contabilidad simplemente para saber lo que había perdido con todo el ajetreo. Es cierto que perdía dinero, pero jamás vi nuestra participación en la feria como un negocio, sino como una palanca para dar un buen empujón a Sandra, a fin de que lo pasara bien y fuera feliz.

El Museo del Juguete y "La piedra insólita"

También TV3, la Televisión Pública de Catalunya, se interesó por las piedras de Sandra. Vinieron a casa a realizar un reportaje. Sandra estaba muy contenta, participó y fue haciendo todo lo que el realizador le indicaba. Se veía con toda claridad que las cámaras no la intimidaban. Era toda una estrella.

Sandra llevando meticulosamente las cuentas de sus ventas en la feria de artesanos de Altafulla.

© narcea, s.a. de ediciones

El reportaje se emitió en el *Telenoticias* del mediodía y lo vio mucha gente. Unos días más tarde, me llamaba el director del *Museu del Joguet de Catalunya*, situado en Figueres. Las piedras de Sandra le habían impactado y me compartió una idea, con el deseo de convertirla en realidad.

Se trataba de combinar los juguetes, las piedras de Sandra y mis fotografías. Fui a visitarle una mañana con unas fiambreras llenas de piedras pintadas.

Josep Maria Joan, el director, tenía ya preparados los juguetes que, a su parecer, podrían conjuntarse con las piedras.

Como fotógrafa, mi nivel no va más allá de encuadrar correctamente, intuir si una cosa combina con otra, jugar con la luz y las sombras, y poco más. De pronto tenía frente a mí un montón de juguetes y de piedras que debían unirse formando un todo armónico, y tenía que realizar las fotos en la azotea del Museo o en algún lugar cercano. Me puse manos a la obra sin saber todavía lo que saldría de todo aquello, intenté dar con las combinaciones más adecuadas, con los juguetes que el Museo había puesto a mi disposición. Una vez en casa, fui separando las fotos que mejor me parecían y las envié a Josep Maria, que se encargó del resto.

Para preparar la presentación de la exposición y de un libro del cual hablaré más adelante, me reuní con Josep Maria, su mujer y un matrimonio amigo de ambos que tenían un hijo como Sandra.

Por fortuna, Sandra accedió a acompañarnos y fue un encuentro muy entrañable. Porque una de las cosas que habría podido suceder, con lo imprevisible que puede ser Sandra, era que, justo en el momento de partir hacia Figueres, se negase a acompañarnos y entonces, en un "plis-plas" nos viésemos obligados a cambiar de planes. Siempre que intuyo que algo así puede producirse, tengo a punto una canguro dispuesta a hacerse cargo de Sandra si tenemos que marcharnos sin ella.

© narcea, s.a. de ediciones

Con las fotos de las piedras de Sandra, Josep Maria confeccionó un mosaico que cubría toda una pared de la sala. Daba gusto verlo. En la actualidad, partiendo de esta idea, mandé confeccionar un cuadro de grandes dimensiones con un mosaico de las fotos de las piedras de Sandra. El cuadro preside el comedor de nuestro piso de Igualada sobre una pared de color vino.

Un músico que visitó la exposición creó una composición espléndida que sirvió de fondo sonoro durante los días en los que los juguetes, acompañados de las piedras de Sandra, estuvieron expuestos en el Museu del Joguet de Figueres.

De una cosa surgió la otra. Las ideas nacidas de la ininterrumpida acumulación de estímulos me indujeron a pedir a Feliu Formosa, mi marido, que lleva más de treinta y cinco años conviviendo con Sandra, que dedicara unos poemas a sus piedras.

Desde que se lo pedí hasta que se puso a ello, transcurrió más de un año, pero el resultado fueron unos *haikus* espléndidos. El propio Feliu, en el prólogo del libro *La pedra insòlita*, nos lo cuenta:

SANDRA, YO, LAS PIEDRAS Y LOS HAIKUS

En Altafulla. A media tarde. Sandra y yo sentados a la sombra, junto a la casa y frente al mar. Yo escucho el sonido de las olas, el ladrido de algún perro, el griterío de los niños que juegan y corretean por el paseo. Sandra nada oye de todo ello, pero no pierde de vista nada de lo que está pasando. Así permanecemos largo rato en esa actitud contemplativa. Viene su madre y nos saca una foto. Durante la mañana Sandra ha estado pintando piedras, esas piedras que luego Anna, aprovechando las horas más favorables —sobre todo el alba y el anochecer- fotografía con admirable paciencia y con el acierto de situar cada piedra en el marco más apropiado. Llevamos tiempo hablando de la posibilidad de que yo escriba unos textos para las piedras de Sandra y de crear un libro que se añadiría a las múltiples utilidades que Anna ha dado a las piedras y que ella enumera en su presentación. Ha transcurrido mucho tiempo sin que nada se me haya ocurrido. Y más de una vez me ha inquietado mi falta de respuesta a esa idea inicial. Pero de pronto, he recordado que, en mi obra, he recurrido más de una vez al haiku y a la tanka, esas formas estróficas japonesas (diecisiete sílabas para el haiku y treinta y una para la tanka) que permiten dar una impresión sintetizada o crear una imagen a partir de un estímulo que, en nuestro caso, provendría de las piedras de Sandra.

En sus piedras, y así lo he formulado cuando las he presentado con motivo de alguna de las exposiciones celebradas, veo una relación con ciertas manifestaciones de la pintura contemporánea, y he hablado, por ejemplo, de Mark Rothko y de sus cuadros con franjas de colores superpuestas. He podido observar que Sandra, ante la paleta y con sus pinceles, va alternando colores y obteniendo unos efectos de contrastes inesperados y sorprendentes. He hablado también del interés que muchos artistas contemporáneos han manifestado por el arte de los pueblos primitivos, de los niños o de las personas con problemas o disminuciones psíquicas. Y esos son algunos de los atractivos de las piedras de Sandra. Es curioso constatar que Sandra, aparentemente, no aplica sus colores al azar, sino que toma un momento de reflexión antes de añadir un nuevo color a la piedra. Es como si realmente calculase el efecto final que quiere conseguir. Y quizá sea realmente así.

Finalmente, pues, decido recurrir al haiku japonés para expresar en pocas palabras lo mucho que me sugieren las piedras de Sandra. Escojo unas cuarenta y, en pocos días, dedico un haiku a cada piedra y una tanka para la piedra final. El resultado es el presente conjunto de cuarenta haikus y una tanka.

He querido, por otra parte, que el poema fuese a la vez claro y sugerente, a menudo descriptivo y siempre lleno de admiración por el trabajo de Sandra, a quien en mis poemas me dirijo a menudo directamente.

Una vez listo mi trabajo, he mostrado a Sandra los textos al lado de cada una de las piedras y, a pesar de que ella no pueda leerlos, ha visto que se trata de algo en favor de su trabajo y ello, sin lugar a dudas, la llena de contento, como a nosotros.

Sandra disfrutando de un momento de lectura con Feliu.

El reconocimiento de la escuela García Fossas

Salió a la luz el libro *La pedra insòlita* y se efectuaron más presentaciones, a alguna de las cuales ya no quiso acudir Sandra porque coincidían con el período de sus trastornos digestivos. A veces lo decía momentos antes de salir de casa, lo que me exigió tener siempre a alguien disponible por si ella no quería acompañarnos.

En este mundo fantástico que vivimos gracias a las piedras de Sandra, se produjo un acontecimiento muy especial.

Un buen día se puso en contacto conmigo una profesora de la escuela *García Fossas* de Igualada. Durante ese curso, todos los niños y niñas de la escuela dedicaban su atención al mundo de algún artista de la ciudad. Los niños y niñas de 5º eligieron a Sandra y su trabajo con las piedras.

© narcea, s.a. de ediciones

Quedamos en vernos una tarde, después de comer. Un grupo de niños y niñas, con su profesora, acudieron al domicilio de la abuela Pepita, mi madre, donde estábamos ese día con el propósito de recoger a Sandra. Poco pude explicarle de lo que haríamos en la escuela García Fossas, ya que resulta difícil hacerle comprender algo tan complejo.

Por fortuna, Sandra aceptó acudir a la cita, y fue grande nuestra sorpresa cuando llegamos a la escuela. Todos los niños y niñas habían trabajado con las piedras de Sandra y habían realizado unos montajes espectaculares. Sandra lo entendió de inmediato. Ella y yo nos sentamos ante los alumnos, que pudieron hacer preguntas acerca de Sandra y de sus pinturas.

En la emotiva visita a la escuela García Fossas.

Con nosotros llevamos todo el material que Sandra utilizaba para trabajar con las piedras y los colores, para que lo vieran de cerca. Al terminar, Sandra dio una fotografía sobre un soporte de cartón a cada uno de los alumnos, que estaban radiantes, y ella se sentía la mujer más feliz del mundo.

En el cuaderno que siempre llevábamos con nosotras, a fin de que todo el mundo pudiera expresar su opinión, los niños no dejaron de hacerlo.

Algunos de los comentarios expresados por los chicos de la escuela García Fossas

Ha sigut un plaer tenir la teva presència a la nostre classe. Gràcia. ||

Jo creïa que l'art era pintar un quadra i molt ben fet però Tú Sandra ens as ensenyat una nova manera d'art
Ens has obert un nou món

Gràcies per venir i ensenyar-mos les pedres tan boniques que t'han quedat

El millor de les Teves pedres es que cada ú pot interpretar el que vol i sentir el que vol. Ens transmet sentiments!

Aún hoy, cuando pasamos junto a la escuela García Fossas, Sandra me hace una señal para indicarme que guarda un entrañable recuerdo de un día lleno de emociones.

A los materiales disponibles para la venta, añadimos anillos, collares, pendientes, cuadros pequeños, llaveros, juegos de "tres en raya" e imanes para la nevera.

Como las piedras para los anillos y los collares eran muy pequeñas, las ponía sobre *Blu-Tack* para que no se menearan mientras Sandra las pintaba.

Para el juego del "tres en raya", debía ocuparme de que las tres piedrecitas de cada contrincante fuesen iguales.

Yo era la encargada de procurarle el material, de prepararle las pinturas, de mandar a imprimir camisetas; vaya, de toda la "burocracia". ¡Me sentía una especie de "manager" de mi hija! Nunca lo hubiera dicho.

EL FIN DE UNA ETAPA

Seguimos acudiendo a la Feria de Altafulla hasta el verano de 2012 y, si el tiempo lo permitía, participábamos también en la feria de artesanos que se organiza el último domingo de cada mes en Igualada. Eso sí, siempre en compañía de otra persona para poder atender a Sandra ante cualquier imprevisto.

La mayoría de las veces el coste de dichas actividades superaba la recaudación obtenida durante un día de participación en la feria. Pero para mí, era bastante compensación ver feliz a Sandra.

Pero, poco a poco, Sandra fue experimentado un claro retroceso en toda su persona, originando que cada vez se moviese menos y que no quisiera salir de casa.

Dado que el ajetreo que suponía participar en la feria de artesanos de Altafulla en el año 2013 era tan grande y tan oneroso, propuse a Sandra que renunciásemos. Ella asintió con la cabeza. Cerrábamos así una feliz etapa de nuestra vida, que nos había abierto caminos, nuevos conocimientos y deparado momentos de plena satisfacción.

En mayo de 2016 montamos la última exposición en la Pobla de Claramunt, localidad cercana a Igualada. Esta vez no se lo comuniqué a Sandra, que había iniciado un claro retroceso y salía poco de casa. Para mí, esta última exposición, sin su presencia, supuso poner un punto final a una etapa que a todos nos había colmado de felicidad.

Si a estas horas tuviese que responder a la pregunta que me formuló uno de los estudiantes de ESO, mi respuesta sería bien distinta. Toda esa etapa de las piedras de Sandra fue feliz, muy feliz.

Todos disfrutábamos de la participación en las ferias de Atafulla, donde Sandra compartía con orgullo sus creaciones.

3

Cambio de planes

Como ya comenté, a causa de sus problemas digestivos, Sandra asistía cada vez menos a la escuela. Incluso cuando se sentía algo mejor, me costaba horrores llevarla hasta el autobús escolar. Tenía que ir pactando con ella lo que le iba a permitir: "El lunes puedes quedarte en casa, pero el martes debes ir a la escuela". Los pactos consistían en permitirle quedarse en casa el lunes o el viernes. Muy a regañadientes lo aceptaba y así íbamos saliendo adelante.

Al inicio del nuevo curso escolar, tras las vacaciones del año 2009, Sandra empezó a mostrarse muy angustiada ante la perspectiva de volver a la escuela. Durante alguna semana pude trampear la situación, pero acabó resultando que, en ocho meses, puede que asistiera a la escuela no más de veinticinco días.

Cuando empezó a quedarse en casa, Feliu se hacía cargo de ella hasta las once, hora en que la canguro lo sustituía. A las dos, regresaba yo de mi trabajo. Pero a veces surgía a primera hora algún problema que Feliu no podía resolver y yo tenía que dejar el trabajo e ir a casa para ponerlo todo en orden.

Entretanto, seguía pagando la escolaridad, así como el piso en el que residía Sandra de lunes a viernes. Transcurrido algún tiempo, solicité que, al menos, me redujeran lo que pagaba por el servicio de comedor, algo que realmente no se usaba. Fue un tira y afloja para imponer mi necesidad de no sufragar dicho servicio, aunque no me exigía mucho. Pero yo me creía con derecho a ser atendida o a conseguir que, al menos, se me eximiera de pagar el servicio de catering para el establecimiento que la escuela regentaba en el "Pueblo Español". En principio Sandra tenía que asistir a dicho establecimiento y a su taller de manualidades dos veces por semana. Viendo mi oposición, el director de la escuela cedió, y unos meses más tarde llegamos a un acuerdo. Creo recordar que pagué 200€ al mes para mantener una temporada más la plaza de Sandra en la escuela, hasta ver con claridad qué hacer con su futuro.

Durante todos estos meses, la escuela siguió recibiendo todas las subvenciones, como si Sandra ocupase todavía su plaza, tanto en la propia escuela como en el piso tutelado, ya que no cursé su baja. Me costó mucho asumir la evidencia de que Sandra ya no asistiría a la escuela, porque todo lo planeado para su futuro caía como un rascacielos al ser derruido. Pero esa era la realidad, y aunque no me gustase no tenía otro remedio que hacerle frente.

Recuerdo muy bien mis últimos intentos de llevarla a la escuela. Venía el autobús a recogerla y ella se negaba a subir. Alguna vez habíamos seguido en nuestro coche al autobús hasta que, tras detenerse dos o tres veces para recoger a otros alumnos, Sandra accedía a incorporarse al trayecto. Pero mi último intento fue desesperante, con un rostro desencajado, como si la asistencia a la escuela fuese el peor de los martirios, se echaba a llorar, lanzaba puntapiés y golpeaba los cristales del vehículo, todo con una agresividad difícil de controlar.

Yo, en el fondo, comprendía que Sandra se negase a ir a la escuela y al piso. Se había hecho mayor y se le exigía seguir el ritmo de cuando era adolescente. Por la mañana, dos horas en el autobús, y algunos días más, ya que cuando llegaban a la escuela de Vallvidrera, tomaban otro autobús para bajar al taller del Pueblo Español. Se entregaban a actividades que debían llevarse a cabo diariamente y que, a pesar de no ser excesivas, eran más que suficientes para Sandra. Y luego, otras dos horas por la tarde para regresar al piso y, una vez allí, participar en actividades extraescolares o salir de compras, etc.

Disfrutando de una divertida tarde en la bolera.

No rebajar el ritmo de las actividades cuando una persona como Sandra se hace mayor, plantea un problema muy común. Las personas responsables de dichas actividades suelen ser jóvenes y llenos de vitalidad, tienden a creer que todo el mundo debe hacer lo mismo y no acaban de ser conscientes de que, para una persona ya mayor, el ritmo tiene que reducirse, hacerse más lento a medida que van pasando los años. Hablando con la neuróloga de Sandra, un día me manifestó que su problema era cada vez más frecuente entre las personas deficientes que se van haciendo mayores. Hace unos años, dicho problema se desconocía, ya que, por lo general, morían antes, pero en la actualidad, las condiciones de vida que les procuramos, junto a los progresos médicos que los acompañan, han prolongado su esperanza de vida, y a menudo, cuando esos problemas nuevos aparecen, nos cuesta verlos y asumirlos.

Aunque me doliese reconocerlo, no dejaba de comprender el hecho de que Sandra se negase a residir en el piso tutelado durante la semana. Algunos días yo había ido al piso para llevarle algo que había olvidado, o simplemente para visitarla, y la verdad es que siempre, al salir, me asaltaban los deseos de echarme a llorar. ¿Por qué, se preguntará el lector?

Dichos pisos tutelados aspiran a parecerse a una familia, pero bien pocos lo consiguen. El piso de Sandra lo ocupaban siete personas deficientes y dos cuidadores. El alboroto que allí vivía Sandra ni remotamente se parecía a la paz y tranquilidad que tenía en casa.

Recuerdo una de mis visitas: un muchacho que llevaba algún tiempo en un estado de ánimo conflictivo gritaba como un energúmeno, asestando golpes y vociferando: "Te voy a matar, ¡te voy a matar!" No supe a quién se refería. Otro salía de la ducha, casi desnudo; otro se mantenía sentado en el suelo... Vamos, nada semejante a una familia. Me atrevería a decir que la situación estresante que Sandra tenía que soportar era el motivo por el cual se negaba a residir en el piso.

Otro día vi que uno de los muchachos, sin motivo aparente, golpeaba con fuerza el pecho de una monitora. Su mirada era muy semejante a la de Sandra cuando está a punto de estallar.

Llamé un par de veces al director y le dije que era imprescindible alejar del piso a esos muchachos, ya que, si tal situación persistía, alguien podía salir malparado. Su respuesta fue que había que darles una oportunidad, que todo sería debidamente controlado, y otras justificaciones parecidas.

La situación persistió durante unos meses, hasta que la dirección vio que era preciso dar con una solución, en beneficio del muchacho y de los otros usuarios de la vivienda. Creo que uno de los muchachos problemáticos ingresó en un centro especial para dichos casos; se le sometió a una medicación apropiada hasta que, transcurrido algún tiempo, pudo regresar a la escuela y al piso. Otros problemas se fueron resolviendo poco a poco. Ignoro cuantas personas tuvieron que sufrir más agresiones hasta dar con una solución efectiva. He creído siempre que es preciso atajar a tiempo tales conflictos y detectar unas evidentes señales de alerta. Son buenos los ideales, pero a veces conviene actuar con firmeza, pensar en los que tienen que ser atendidos, y dejar de lado temporalmente los ideales.

Los monitores de piso eran sustituidos con frecuencia, y cuando se había creado un clima de mutua confianza entre un muchacho y el monitor de turno, se le enviaba a otro servicio. Es cierto que, en la actualidad, los padres también se separan y se crean nuevas parejas. La estructura familiar suele cambiar también a menudo, pero no tanto como los cambios que se producen en los pisos habitados por personas con deficiencias.

En los pisos en los que residen esas personas suelen trabajar dos monitores de lunes a viernes, y son reemplazados cada fin de semana. El sueldo que perciben es muy bajo, pues no poseen una carrera universitaria. Les basta un título de cuidador especializado, y a veces ni eso. Muchos están estudiando alguna carrera relacionada con la discapacidad y ello les sirve para ampliar su currículo, y a la vez de experiencia aprovechable. No obstante, la precariedad de su trabajo hace que lo abandonen cuando encuentran algo mejor remunerado. Y, como es lógico, quienes sufren las consecuencias son nuestros hijos.

Un profesor de educación especial suele estar muchos años en un mismo centro; un monitor que atiende a personas con discapacidad en uno de los pisos tutelados, no se mantiene en su puesto más de dos o tres años, aunque, como es lógico, puede darse alguna excepción.

Una vez visité también un piso tutelado en Igualada. El efecto que me produjo fue más o menos el mismo.

De todos modos, conversando hace unos días con la madre de una muchacha que convivía con Sandra, me contó que su hija acudía al piso muy contenta, que echaba en falta a Sandra y que durante algún tiempo no dejó que nadie ocupara su cama. La guardaba para Sandra, hasta que se dio cuenta de que no volvería. "Qué suerte tienes", le dije, y pensé: "esta madre tiene asegurado el futuro de su hija".

EL FIN DE LA ESCUELA

A principios del año 2010 Sandra se quedó definitivamente en casa. Decidí cursar la baja de la escuela y el piso y dejé de pagar las cuotas. Me costó dar este paso, porque disponer de una plaza en un centro suponía tener asegurado el futuro de Sandra en el caso que yo faltara.

El director me dijo que Sandra tendría siempre la puerta abierta, tanto de la escuela como de la vivienda, pero, por ante-

© narcea, s.a. de ediciones

riores experiencias, sabía que las palabras se las lleva el viento y que si Sandra, en algún momento, tenía la necesidad de ser admitida de nuevo, lo tendría muy crudo.

Lo que acabo de afirmar se demostró de un modo fehaciente durante el verano de 2017. Tras un ingreso mío en el hospital, donde estuve muy grave, al volver a casa llamé al director de la escuela de Sandra y le planté la pregunta "Si me vuelve a ocurrir algo de tanta gravedad y fallezco, ¿podría contar contigo?"

Con muy buenas palabras y excusas de mal pagador, me dijo que, por el momento, era del todo imposible. No me apetece entrar en detalles, porque no creo que merezca la pena.

No me abandona la duda sobre lo que pudo suceder en la escuela o en el piso para que provocara en Sandra el espanto que le asaltaba cuando tenía que subir al autobús. Jamás lo sabré, ya que su nivel de comunicación era tan limitado que le resultaba difícil dar una explicación de algo tan complejo. Lo único que podía expresar era su negativa a asistir a la escuela, y el resto siempre lo ignoraremos. Sin embargo, respeté su deseo, porque, a pesar de su deficiencia, confío en ella y, por lo general, cuando revela cierto malestar o se niega rotundamente ante una situación concreta, existe un motivo justificado para ello. A veces podemos intuirlo, otras veces lo sabemos con certeza, y en ocasiones, como en el caso de la escuela, lo desconocemos por completo. Pero mi experiencia al lado de Sandra me ha demostrado que debo hacer caso a lo que intenta comunicarme, aunque se traduzca en una enérgica negativa a realizar algo concreto. La verdad es que existe siempre un motivo, oculto, muy oculto, pero existe.

El hecho de que Sandra se negase a asistir a la escuela me planteó un nuevo problema, ¿qué haría con ella mientras estaba trabajando? ¿Quién la atendería? En un primer momento recurrimos a la solución de cuando Sandra había permanecido en casa a causa de las diarreas, pero no tardé en darme cuenta de que solo estaba poniendo parches a algo que requería una solución más definitiva. Era una situación que me angustiaba, hasta el extremo de que me vi desbordada y con unos deseos irrefrenables de llorar, hasta el punto de impedirme acudir a mi trabajo. Una baja de mes y medio me permitió resistir el primer embate, pero tenía que hallar una solución para esta nueva etapa. Aunque bien poco me gustaba, no quedaba otro remedio que hacerle frente e iniciar un cambio de planes.

La solución fue solicitar una reducción de jornada laboral. Trabajaba tres días a la semana y tenía a mi canguro para esos tres días. Con las ayudas económicas que recibía para Sandra, la ley de dependencia y la ayuda por tener un hijo a cargo, podía asumir los costes, ya que, gracias a la baja de la escuela, los gastos se reducían considerablemente.

Tener a Sandra en casa, además de las atenciones que requería, suponía enclaustrarme y perder aún más libertad de la que había perdido desde el momento en que nació. No me gustaba nada el futuro que se avecinaba, y por ello decidí efectuar un nuevo cambio en nuestras vidas.

LA NUEVA VIDA EN IGUALADA

Cuando Sandra tenía cinco años, abandoné la ciudad de Igualada para irme a vivir a Barcelona y hallar una escuela apropiada para ella. Ahora ya no tenía sentido continuar allí. Se cerraba una etapa y nada me impedía volver a mis orígenes.

Junto con mis dos hermanos, recibimos en herencia una casa de seis pisos en Igualada y, de acuerdo con la división horizontal realizada, a cada uno nos correspondieron dos pisos.

Le mostré a Sandra el piso que quería habilitar y se puso muy contenta. Alguna vez ya comenté que a ella le gustaban los cambios, si son para mejorar.

© narcea, s.a. de ediciones

Sandra, feliz y entusiasmada, se implicó en la reforma del piso de Igualada.

Los días que yo no trabajaba íbamos con Sandra al domicilio de mi madre. Por la mañana me dedicaba a las faenas que requería nuestro piso, mientras Trini, que llevaba años atendiendo a mi madre, se ocupaba también de Sandra. Por la tarde venía Sandra conmigo y me ayudaba a quitar el papel de las paredes. Incorporarla a todo el proceso de restaurar el piso al que nos trasladaríamos más adelante fue muy positivo. Sandra se mantuvo activa durante un año, escogió el color de las paredes de su habitación y opinó también sobre dónde colgar sus cuadros.

Iba muy contenta a casa de mi madre y aceptaba gustosa permanecer allí, porque sabía que era algo provisional.

Acondicioné nuestro piso pensando en sus necesidades. En el comedor coloqué un sofá y dos chaises longues, una a cada lado, destinadas a Sandra y a Feliu. Mi intención fue que ambos se sintieran cómodos. Y en la galería contigua al comedor puse dos escritorios, uno para Sandra y otro para mí. Sandra decoró su lado con unos treinta puzles que había ido realizando, debidamente enmarcados.

En su habitación instalé un mueble para el televisor, a fin de que pudiera verlo cómodamente desde la cama, evitando así malas posturas que pudieran causarle dolores cervicales. Adquirí, además, una cama con un mando eléctrico para que pudiese elevar la cabecera y ver la televisión con comodidad.

Nos mudamos a Igualada en marzo de 2012, aunque todavía alternábamos días entre Barcelona e Igualada. A mí me resultaba cada vez más fatigoso ese ir y venir.

Tener en funcionamiento dos viviendas exigía mantenerlas limpias, los frigoríficos llenos, ropa suficiente en ambas... Llegó un momento en que ya no sabía qué tenía en cada piso y me daba vueltas la cabeza. Al fin, decidí jubilarme seis meses antes de lo que me correspondía, y en septiembre de 2013 pude renunciar definitivamente a mi trabajo y quedarme con Sandra en Igualada.

En medio de tanto ajetreo, ¿cuál sería la actitud de Feliu, mi marido? Debo decir que tomé yo sola la decisión de trasladarnos a Igualada, sin contar con su opinión. Se lo di como un hecho consumado: "lo tomas o lo dejas", tal como rezaba aquel programa televisivo.

Recuerdo un día que le dije: "He decidido rehabilitar un piso en Igualada y puesto que Sandra ha dejado de asistir a la escuela, me instalaré en él. Puede que un cambio de aires le sea favorable". La respuesta de Feliu fue: "Y yo, ¿qué hago?"

Feliu seguía aún muy activo en Barcelona, pero poco a poco se fue adaptando a su nueva situación. Su despacho, situado en nuestro dormitorio, en un extremo del piso, resultó muy acogedor.

Feliu iba con frecuencia a Barcelona, mientras yo iba espaciando cada vez más mis estancias en nuestro piso, dedicándolas básicamente a tareas de intendencia. Esas idas y venidas me fatigaban cada vez más, teniendo en cuenta que llevaba siempre a Sandra conmigo. Recuerdo un día en que, tras nuestra llegada, dejé a Sandra en casa y fui a aparcar el coche. Al regresar, me encontré con un considerable alboroto. Hacía dos o tres días que la señal televisiva se había perdido en todo el edificio y no se sabía cuándo se iba a restablecer. Ante tal contrariedad, Sandra reaccionó con una de sus rabietas, esta vez de consideración. La única solución fue ir a por el coche y regresar las dos a Igualada.

Desde entonces, Sandra no volvió a Barcelona, y yo muy pocas veces. Feliu sigue con sus actividades y dos veces al mes pasa unos días en nuestro piso.

Durante mucho tiempo, tras dejar definitivamente la escuela, Sandra seguía con su temor a los lunes y también a la finalización de las vacaciones de Navidad, Semana Santa y de verano. Su miedo se debía a la posibilidad de que, después de estos periodos vacacionales, yo la llevase de nuevo a la escuela. Tuve que convencerla de que ya nada tenía que temer, aunque creo que las dudas no la abandonaron durante bastante tiempo.

Un día, para asegurarse de que no volvería a la escuela, me mandó descolgar las fotos que teníamos en casa en las que aparecía con sus amigos de la escuela y del piso. Más adelante, fue examinando nuestros álbumes de fotografías y, página tras página, fue quitando todo lo relacionado con sus años escolares. Con ello quiso decir: "Se acabó, no queda rastro, no voy a volver jamás".

Mientras me ocupaba de los preparativos para el traslado a Igualada, bullían en mi mente nuevos proyectos. Pensé en la posibilidad de que Sandra accediese al Centro Ocupacional recién inaugurado. Concerté una entrevista con su directora y la visité. Iba con la idea de que Sandra se adaptase con facilidad a un centro que, en principio, parecía ideal para ella. El edificio disponía de habitaciones con toda suerte de comodidades, concebidas para chicos y chicas como Sandra.

Pero la realidad era muy distinta de lo que yo había previsto y deseado. Sandra no deseaba más que quedarse en casa, junto a mí. Por la sencilla razón de que en casa se sentía más segura.

Sandra ayudando a preparar *panellets*. Le gustaba participar en la elaboración de recetas familiares.

Desde el mismo día que nos instalamos en el nuevo piso de Igualada, acaeció algo sorprendente: Sandra no quiso volver nunca más a la casa de su abuela Pepita. Era la casa que nos había acogido mientras preparábamos nuestro piso y en la que, durante más de treinta años, pasábamos un fin de semana cada mes. Era algo que, para Sandra, pertenecía al pasado. Veía con toda claridad que iniciaba una nueva etapa. La abuela Pepita no recibiría ya nuestras visitas, y desde entonces, era ella quien venía cada domingo al mediodía. Venía a comer y permanecía con nosotras hasta el anochecer, cuando la acompañábamos a su domicilio. Sandra no quiso volver a poner los pies en la casa que nos había acogido durante tantos años. Yo acompañaba a mi madre hasta el interior de su casa, mientras Sandra permanecía esperándome en el coche.

¿Por qué Sandra se resistía a entrar en casa de sus abuelos? Jamás lo sabremos. O tal vez sí...

Los cambios en el sueño y la rutina

Después de los problemas digestivos, comenzaron los trastornos del sueño de Sandra. Siempre había sido muy dormilona, ya fuera por la medicación antiepiléptica, o por su forma de ser. Dormía alrededor de doce horas. Pero poco a poco dicho hábito se fue alterando. Solía dormirse a las tres de la madrugada y yo le servía el desayuno a las siete, antes de irme a trabajar. Después volvía a conciliar el sueño hasta la una o las dos. Los desajustes continuaron, hasta dormir cada día a horas diferentes.

Su conducta me recuerda a la de las personas mayores en la etapa final de su vida, cuando los trastornos del sueño son muy comunes, no acostumbran a dormir por la noche y durante el día se adormecen en el sofá o en cualquier otro lugar.

La acuesto después de cenar, alrededor de las diez, pero no consigue dormirse hasta las siete de la mañana, y muchos días incluso más tarde, entre las ocho y las diez. Acostumbro a darle el desayuno a las siete con la esperanza que consiga conciliar el sueño, aunque no puedo confiar en que esto suceda.

A causa de semejante desbarajuste, yo también dormía muy poco. A las ocho debía incorporarme al trabajo, y durante la noche me despertaba cada una o dos horas para comprobar si Sandra estaba dormida.

Dicha situación no podía prolongarse. Yo no aguantaría muchos meses durmiendo solo cuatro o cinco horas diarias, y nunca seguidas. Quienes no conocían a Sandra me aconsejaban que le suministrara algún somnífero, pero ello no es posible dadas sus características.

Sandra ya está en el momento en el que se atraganta con su propia saliva, pierde el reflejo de tragar y se ahoga, sin motivo aparente. Es un problema cerebral de nivel central, le falla el automatismo que controla el problema. ¿Cómo voy a suministrarle un somnífero que, encima, relajaría más el automatismo? Me da miedo y no tengo el menor deseo de comprobarlo.

Así pues, decido que, por lo que respecta al sueño, siga su propio ritmo biológico. Finalmente me he acostumbrado a dormir de cuatro a cinco horas sin interrupción, ya que Sandra solo me llama cuando es estrictamente necesario y permanece tranquila en su habitación toda la noche viendo la televisión. Me recuerda lo que ocurrió con la madre de Feliu, que durante los últimos años de su vida solía pasar toda la noche escuchando la radio y durmiendo por la mañana.

Los ritmos de sueño varían según los distintos períodos. Pueden durar diez, cuatro o incluso dos días. Lo único seguro es que Sandra jamás duerme por la noche. Si consigue conciliar el sueño a las seis de la mañana, puede que duerma hasta las diez o las once. No son más que cuatro o cinco horas, y lo compensa durmiendo unas tres horas después de la comida. Alguna vez duerme sin interrupción desde las ocho de la mañana hasta las dos de la tarde, en cuyo caso puede prescindir de la siesta.

Observando orgullosa su colección de piedras pintadas en la exposición de la biblioteca.

En estos momentos (diciembre de 2012), no voy a dar ni un paso más para ingresar a Sandra en otra residencia. En su estado actual, estoy convencida de que la experiencia iba a durar muy poco, y se me rompe el corazón solo de pensarlo.

Por consiguiente, todo lo planeado para el futuro de Sandra, si yo faltase, se ha ido al traste. Nada de lo previsto sigue teniendo validez en la actualidad. Solo me queda la esperanza de sobrevivirla, aunque sea por una hora. El resto no ha sido más que un castillo en el aire, sin fundamento alguno.

Nuevos personajes en nuestras vidas

En todas las familias hay personas con las que se establecen relaciones efímeras y que, transcurrido cierto tiempo, desaparecen.

En el libro anterior, hablé de Anna, quien mantuvo una relación con Joan, el hermano de Sandra. La relación terminó y, después de algún tiempo, mi hijo tuvo otra pareja.

Todavía no informamos a Sandra de los cambios de pareja de Joan ni de los de las hijas de Feliu, Ester y Clara. Sin embargo, Sandra sabe muy bien cuando la persona en cuestión ha dejado de formar parte de nuestro núcleo familiar, y así lo manifiesta echando mano de su plafón de comunicación, en el que solemos incluir las fotografías de nuestros allegados, y me manda retirar la imagen de la persona que ya no está con nosotros. Cuando hace su aparición otro personaje y a Sandra le parece ver en la nueva relación una cierta estabilidad, pide que pongamos su fotografía en el plafón. Fue así como un buen día incluimos a Laia, una chica simpática y vital, que se unió a Joan y se fue a vivir con él.

En el verano de 2007, Laia y Joan contrajeron matrimonio. Sandra y yo acompañamos a Joan a la sala de plenos del

Ayuntamiento de Igualada. Sandra estaba radiante, percibía que estábamos asistiendo a una celebración muy importante para Joan y quiso estar a su lado en todo momento. Pensando que a la hora del banquete Sandra preferiría sentarse en la mesa de Montse (la canguro de toda su vida) y Jordi (marido de Montse, por quien siempre ha tenido un afecto especial), pusimos el cartelillo con el nombre de Sandra en la mesa de Montse y Jordi.

Cuando llegó al comedor, Sandra se puso a buscar su nombre en los distintos cartelillos y, al ver que se hallaba en la mesa de Jordi y Montse, vino a manifestarme su desacuerdo. Agarró el cartelillo y corrió a colocarlo junto a Joan. Había asumido que su papel en la fiesta era el de acompañante de Joan y así debía mantenerse hasta el final. Fue una celebración muy entrañable, a la que asistieron solo los familiares más cercanos, y todos lo pasaron muy bien. Sandra bailó con Joan y con Feliu, y lo pasó en grande.

BRU

En el verano de 2009 nació Bru, hijo de Joan y Laia. Me producía cierto respeto la llegada de ese niño al núcleo familiar, pues cabía la posibilidad de que Sandra se pusiera celosa viendo que perdía algo de protagonismo. Pero no fue así. Visitamos a Laia y a Bru en el hospital y Laia puso a Bru en brazos de Sandra, quien con mucha energía empezó a soltar los sonidos guturales a los que nos tenía acostumbrados. El niño la miraba con fijeza y parecía querer contestarle.

La verdad es que hice todo lo que pude para que Sandra aceptase gustosa y con actitud participativa la llegada de Bru. Una de las ideas que tuve fue que bordase un babero con la imagen de un muñeco y la palabra BRU. Lo hizo muy contenta, y poco después le bordó una servilleta para los días en los que Bru comía en nuestra casa. Más adelante, para uno de sus cumpleaños hizo lo mismo con una camiseta. Creo que con la idea de hacerla participar en todo lo que rodeaba a Bru, conseguimos que Sandra se sintiese importante.

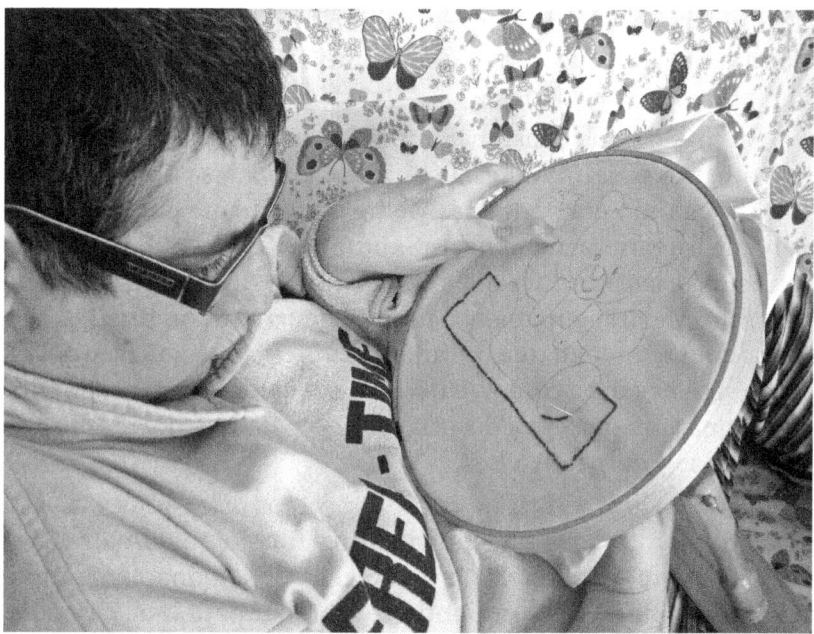

Bordando con dedicación un babero para su sobrino Bru.

Asimismo, desde el principio, cuando Bru está con nosotras, intento no prestarle una atención excesiva en presencia de Sandra. Pero cuando Sandra está ya en su habitación, me permito el lujo de hacer de abuela, como todas las abuelas del mundo.

En nuestra relación con Bru estaba claro que habíamos conseguido romper el hielo. Cuando íbamos con Sandra a Igualada, solíamos visitar a Joan y Laia, y Sandra se mostraba muy contenta. Yo sufría solo por si Bru se convertía en un niño llorón, ya que

Sandra jamás toleró los lloros sin motivo aparente ni las rabietas. Tuvimos suerte porque Bru fue siempre un niño muy tranquilo, y bien pronto vi que no tenía motivo para inquietarme.

Sandra incluyó la foto de Bru en su plafón y, como es lógico, desde entonces, nos vemos en la necesidad de sustituirla a medida que la imagen de Bru va cambiando con el tiempo. Cuando Sandra me dice que lo ve más alto, me veo obligada a incluir en el plafón una nueva foto.

En más de una ocasión, Sandra ha golpeado a niños pequeños que nos visitan. Agnès, la hija de Clara, no se libró de algún tortazo cuando era pequeña. Me he dado cuenta de que, por lo general, la reacción violenta de Sandra se debe a alguna situación tensa entre las personas mayores y los niños, o a alguna pataleta del niño. Me preocupaba que tal cosa ocurriese con Bru. Por eso, acordamos con Joan que durante sus visitas no regañasen a Bru, y que si se negaba a comer lo dejasen tranquilo. Así conseguimos que reinara la paz entre los mayores y evitamos que Sandra se inquietase y golpease a Bru.

Debo decir que Bru ha cumplido ya los ocho años y que su relación con Sandra ha sido siempre inmejorable. Joan y Bru vienen a comer a casa dos o tres veces por semana. Bru saluda a Sandra cuando llega y cuando se marchar para ir a la escuela; pasa junto a ella y le dice "adiós". Al principio la saludaba con un "Hola Sandra" o "Adiós Sandra", pero ahora que ya sabe que Sandra no oye ni habla, se acerca a ella y la saluda con las manos, sin decir palabra. Sandra, contenta, siempre corresponde.

Cuando Bru está dibujando algo y ve a Sandra rondando a su alrededor, se acerca a ella y le muestra el dibujo. A veces han realizado actividades juntos. Recuerdo un día en que decidimos plantar semillas de tomate en un plantel. Bru plantaba las de los tomates llamados "de Montserrat" y Sandra las de los tomates para colgar. Daba gusto verlos. También en los cumpleaños de Sandra. Bru la ayudaba a soplar las velas del pastel, ya que ella tenía serias dificultades para hacerlo. Mientras ella seguía intentándolo, Bru se ponía a su lado y era él quien soplaba y apagaba la vela. Cuando cumplió cuarenta y cuatro años, en 2017, y los estragos derivados de su enfermedad empezaron a manifestarse, consiguió por primera vez soplar y apagar una vela. Bru apagó la otra. "¿Era una señal?", nos preguntamos, "¿o una simple casualidad?". Nos asaltó a todos un pensamiento, como si ese cumpleaños hubiera de ser el último de su vida. Afortunadamente no lo fue.

Si algún día Bru quería utilizar el ordenador de Sandra o algún juego, se ponía también a su lado y se lo pedía con señas. Ella siempre accedía. Otras veces, con acrílicos y pinceles, pintaban juntos unos cuadros muy a gusto de Bru, que luego colgaba en su habitación.

Un día se me acercó y me dijo. "¿Sabes abuela? Yo sí entiendo a Sandra". No sé muy bien a qué se refería, pero creo que no ha dejado de observar y comprende perfectamente la situación de Sandra. Cuando pasa junto a ella la observa con cierto respeto y sigue su camino.

Otra actividad que también realizaban juntos era llevar su carta a los Reyes Magos. Por lo general, nos situábamos en la cola para acceder al paje real y cuando llegaba nuestro turno le entregábamos las cartas.

Cuando aún no residíamos en Igualada, los pajes reales que por la noche recorrían los domicilios, entregaban los regalos en casa de Joan, pero al instalarnos definitivamente en el nuevo piso, Sandra se negó a ir a casa de su hermano y exigió que los pajes acudieran a la nuestra. En 2014 así sucedió por segunda vez, y nos acompañó Bru con sus padres y abuelos.

La relación de Joan y Laia concluyó, y aunque decidimos ocultárselo a Sandra, poco a poco lo fue adivinando. Veía que

Joan y Bru venían a visitarnos más a menudo y que Laia había dejado de aparecer por casa. No dejaba de interesarse por ella y yo le decía siempre que estaba trabajando, un recurso del cual nos servimos con frecuencia cuando Sandra pregunta por alguien y resulta complicado darle explicaciones. Pero no pude seguir ocultándole lo ocurrido por más tiempo. Le conté que Laia estaba viviendo en una casa muy bonita, y que Bru vivía unos días con ella y otros en casa de Joan. Creo que lo entendió, pero no transcurrieron muchos días hasta que se me acercó con su plafón y me pidió que quitase la foto de Laia que seguía pegada junto a la de Joan. Era lo que otras veces habíamos hecho con las parejas de Ester y Clara. Sandra considera que, si alguien ya no formaba parte de la vida de su pareja, había que quitar su foto del plafón. Como mejor pude, le expliqué que no podíamos retirar la foto de Laia porque era la mamá de Bru. Por fin di con una solución que me pareció la más acertada. Cambiamos la foto de Laia, que estaba al lado de la de Joan y Bru, poniéndola más abajo, pero manteniéndola dentro del plafón. Al lado de Joan hay ahora un espacio vacío, que llenaremos el día en que me comunique que una nueva relación empieza a parecerle algo estable.

Recuerdo que un día Bru estaba a punto de echarse a llorar porque se negaba a comer. Vi que Sandra lo estaba mirando fijamente, con una insistencia que conozco muy bien, a la que sé que puede seguir algún tortazo. Le dije a Bru: "Si tienes ganas de llorar, vente conmigo a la cocina y allí puedes hacerlo". Me obedeció y, una vez en la cocina, lloró un poquito. La situación no volvió a repetirse, porque Bru sabe muy bien que, en presencia de Sandra es mejor contenerse.

En alguna ocasión, cuando iba a llorar por algún motivo y ponía esa cara de pena propia de un niño de su edad, sucedía algo muy curioso. Al oír los pasos de Sandra que se acercaban, conseguía sustituir su expresión afligida por una risa forzada, que

© narcea, s.a. de ediciones

a nosotros nos hacía mucha gracia. Comprendió muy pronto que ante Sandra debía mostrarse siempre contento.

NIL

Joan tenía ya otra pareja, Txell. Una relación que se caracterizó por un constante tira y afloja, motivo por el cual no llegamos a incluir su foto en el plafón. Se separaron definitivamente cuando Txell estaba embarazada de tres meses. A Sandra no le dijimos que tendría otro sobrino, pues ya no veía a Txell durante su embarazo ni viviría el proceso como sucedió con Bru.

Nil nació en mayo de 2019 y a mediados de junio Joan vino a casa con el niño y se lo presentó a Sandra. Conservamos una foto de la cara de sorpresa de Sandra. "Y este, ¿de dónde sale?", debió de pensar. Pero lo acarició, lo que significaba que lo había aceptado y entendido que formaba parte de la vida de Joan.

Tenemos una grabación de cuando Nil tenía diez meses. Estaba sentado en el sofá del comedor y Sandra se sentó frente a él para observarlo. Nil parloteaba, miraba a Sandra y nos miraba a nosotros una y otra vez. Nos pareció que percibía algo diferente en Sandra y, a su padre y a mí, nos miraba como diciendo: "A esta, ¿qué le pasa?" Nos hizo mucha gracia. Y al fin le acercó un juego diciéndole algo con su parloteo.

Siempre que venían a visitarnos, Joan llevaba a Nil a la habitación de Sandra. De vez en cuando lo dejaba sobre la cama y Sandra se ponía muy contenta.

Nil ha ido creciendo, y en 2023, cuando escribo las presentes líneas, tiene ya tres años y medio. Es un niño muy vital, despierto y que todo lo entiende. Debido a su enfermedad, cuya evolución comentaré más adelante, Sandra no se mueve ya de su habitación. Nil entra siempre a verla y le hace el juego del "ralet –ralet". Al verlo entrar, Sandra le tiende la mano.

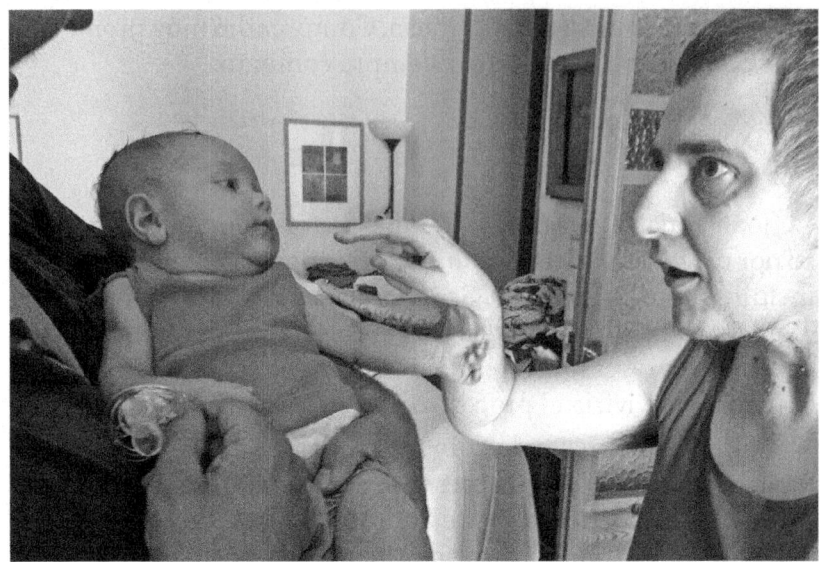

Gran sorpresa al conocer a Nil, su nuevo e inesperado sobrino.

Nil sabe que cuando Sandra me llama debo acudir inmediatamente a atenderla. Un día me dijo: "Ya voy yo, abuela", y, muy decidido, se dirigió hacia la habitación de Sandra. Al regresar al comedor me dijo: "Le he dado un muñeco y está muy contenta". Todo ello nos permite concluir que un niño de solo tres años y medio ha normalizado la deficiencia de Sandra y la enfermedad que la retiene en la cama como lo más natural del mundo. Sabe que Sandra no le hablará nunca, pero él sigue hablándole e interactúa con ella como con cualquiera de nosotros.

DOLORS

Era a finales de octubre de 2021, Joan me dijo que había conocido a una mujer con la que congeniaba muy bien. A los pocos días la trajo a casa para que la conociera y, por descontado, se la presentó a Sandra. No recuerdo muy bien su reacción, pero seguro que fue de sorpresa y a la vez de aceptación.

Dolors enseguida pilló los gustos e intereses de Sandra, y en cada fiesta de Reyes o cumpleaños le regalaba pompones, juegos o guirnaldas para colgar en el techo de su habitación. Sandra se mostraba contenta y eso a mí me hacía feliz, pues significaba que la había integrado en su mundo.

Sin embargo, esta vez no me pidió que incluyera a Dolors en su plafón, y yo tampoco insistí. Su enfermedad empezaba a hacer estragos y no estaba ya para esos detalles.

Dolors no llegó a estar en el plafón de Sandra, pero sí está en el corazón de toda la familia.

Con mamá, compartiendo una salida a cenar.

© narcea, s.a. de ediciones

LA SOCIALIZACIÓN DE SANDRA

En este capítulo sobre nuestras nuevas relaciones, creo que debo dar cabida a lo que podríamos denominar la *socialización* de Sandra, a su forma de relacionarse con personas ajenas a nuestro círculo.

Quienes la vemos a diario es probable que no nos percatáramos del retroceso que Sandra estaba sufriendo, pero la verdad era una realidad. Lenta y gradualmente, pero se producía.

A las presentaciones de sus piedras pintadas, Sandra acudía contenta y participaba en ellas, pero poco a poco se fue negando a salir de casa y permanecía en ella con una canguro.

Progresivamente empezó también a negarse a acompañarnos a las comidas familiares. Si tenían lugar en casa de la abuela Pepita, cuando aún no residíamos en Igualada, Sandra solía comer sola en la cocina, para dirigirse luego a la galería a ver la televisión. Si el número de comensales aumentaba, evitaba comparecer en el comedor. Sandra aceptaba comer en un restaurante, pero solo con Feliu y conmigo, y a lo sumo con Joan y Bru. Si había otras personas, se negaba a acompañarnos.

Celebramos los dos últimos cumpleaños de mi madre, con toda la familia, en mi casa. Sandra permanecía en su habitación, donde se sentía tranquila. En dichas ocasiones es preferible no decir nada y dejar que vaya a su aire, si no queremos que se inquiete.

Ahora, incluso los días en que Joan y Bru vienen a casa, Sandra come en su habitación, y así es mejor, porque de lo contrario estaría pendiente todo el rato de si Bru come o deja de comer y ya la tendríamos "liada".

Antes, el día de los Reyes Magos, íbamos todos los años a presenciar la cabalgata y solíamos desplazarnos a dos o tres puntos de la ciudad para volver a verla. Ahora quiere ir tan solo a un sitio para verla pasar, recoger caramelos y regresar enseguida a

Compartiendo momentos con sus cuidadoras, personas fundamentales en su vida.

casa. En 2018 ya no fuimos a ver la cabalgata. Se limitó a recibir los regalos en casa.

Cuando nos mudamos a Igualada, contraté a una nueva canguro para Sandra. Estuvo con nosotros alrededor de dos años y la incluimos también en el plafón. Sandra había manifestado más de una vez que no quería que viniera. Pensé que el motivo de su negativa era que no quería que yo saliera de casa. Dicha canguro había atendido también a mi madre los días en los que Trini estaba de vacaciones. La confianza que yo había depositado en ella se rompió debido a unos hechos que es mejor no contar.

Le dije que no volviera y Sandra recobró su tranquilidad. No sé si entendió la razón de mi proceder, pero se apresuró a quitar del plafón la foto de la canguro y me pidió que tirara los regalos que ella le había hecho.

Durante un tiempo también tuve de canguro a un muchacho boliviano; alto, guapo y simpático. A Sandra le gustaba disfrutar de su compañía. Alguna vez se vino con nosotras a pasar el fin de semana a Altafulla. Venía también a casa los días que Sandra no iba a la escuela y yo tenía que trabajar. Le hicimos una foto para poder comunicarle a Sandra esos días que el muchacho se quedaría unas horas con ella. Esa persona me la proporcionó una agencia de canguros especializada en atender a personas con deficiencias, y era la agencia la que se encargaba de cobrar y pagar al muchacho las horas dedicadas.

Hablando con él supe que nunca había estado con personas con discapacidad, pero pensé que, si mostraba buena voluntad, y así lo parecía al principio, en atender a Sandra en mi ausencia, no surgiría ningún problema.

Pero un buen día, Sandra corrió a buscar la foto del muchacho, me la mostró con la cara de circunstancias que tanto la caracteriza y me dijo que no quería volver a verlo. Al principio pensé que se trataba de uno de sus caprichos y no le hice caso.

Un día, cuando llegué a casa al mediodía, después de estar trabajando toda la mañana, vi que el muchacho llevaba puesta su chaqueta. Intuí entonces el motivo de la reacción de Sandra. El hecho de no deshacerse de su chaqueta durante toda la mañana hizo que Sandra creyese que de un momento a otro se marcharía. Fue lo que entonces supuse. El motivo real no voy a saberlo nunca.

A los pocos días ocurrió algo que me indujo a romper nuestra relación con el muchacho. Tenía que presentarse a las ocho de la mañana para que yo pudiera ir a mi trabajo. Eran las nueve y aún no había aparecido. Le llamé para saber si le había pasado alguna cosa que justificara su ausencia, y la respuesta fue que se le había olvidado. Como vivía cerca, le pedí que, aunque ya había pasado la hora, se acercara a casa para que yo pudiese ir a trabajar. No recuerdo que excusa me dio en aquel momento, pero no se presentó. Esta anécdota me hizo creer, una vez más, en la intuición de Sandra, pero a partir de aquel día el muchacho no volvió. Nunca sabré si el motivo por el cual Sandra no quería que volviese era únicamente la chaqueta. Pero, desde ese mismo momento, la foto del muchacho ya no está.

Creo que Sandra posee un sexto sentido del que los demás carecemos. Si a nosotros nos cae bien una persona, solemos confiar en ella sin reservas. Y si se nos muestra reservada, suponemos que está enojada por algo o que su carácter es huraño. Pero Sandra va siempre más allá. El hecho de ser sorda le ha permitido desarrollar de un modo especial su capacidad para la observación. Es capaz de ver en las personas lo que a nosotros nos pasa desapercibido. Es una lástima que no pueda manifestarlo con claridad. Una de las formas de conseguirlo, quizás la única, es solicitarme que ponga el plafón en sus manos.

Roger, pareja de Clara, y Nico, marido de Ester, llevan ya tiempo incluidos en el plafón de Sandra. Han congeniado muy bien con ella. Sandra los saluda cuando llegan a casa y sigue luego con sus cosas. Su conducta indica con toda claridad que los acepta. Si viésemos que está demasiado pendiente de ambos significaría que algo no acaba de encajar en su cabeza.

Son continuas mis referencias al plafón de Sandra y no sé si he conseguido aclarar lo suficiente cuál es su utilidad. Es un cuaderno en octavo, con su espiral metálica a un lado. Sus páginas se dividen por temas: edificios (con la serie de domicilios donde residimos y los que visitamos periódicamente); escuela, hospital, medios de transporte, manjares, estados de ánimo, animales, profesiones... y, evidentemente, las fotos de todas las personas que se relacionan con Sandra, familiares y amigos. Contiene unas 900 palabras con sus correspondientes dibujos o fotografías. Es un medio de comunicación que nos resulta muy útil cuando el lenguaje gestual es insuficiente.

Celebrando su cumpleaños con Bru y Nil. Momentos familiares que la hacían feliz.

Las vacaciones
y la modorra

Durante más de diez años alquilamos un apartamento frente al mar en Altafulla. Al principio lo alquilábamos en agosto y Semana Santa, pero me di cuenta de que Sandra lo pasaba muy bien, se bañaba en el mar, jugaba en la arena, pedaleaba con su triciclo por el paseo marítimo, por lo que tomé la decisión de alquilarlo todo el año.

Fueron unos años sumamente gratificantes. Solíamos desplazarnos los fines de semana y, aunque me suponía mucho trajín, merecía la pena. Durante los primeros meses de verano, Sandra pasaba en el apartamento unos días con Montse y Jordi, y yo me quedaba con ella todo el mes de agosto.

Fue en Altafulla donde transcurrieron nuestros "Días felices" que mencioné antes. Pero el retroceso en la salud de Sandra empezó a notarse en nuestras idas y venidas. Así, durante el año 2010, se resistía cada vez más a acompañarme y, si acababa haciéndolo a regañadientes, no salía de casa. En 2011 no fue a la playa ni un solo día en todo el mes de agosto, y ni siquiera salía a sentarse en su silla junto a la casa, como había hecho siempre. ¿Merecía la pena seguir pagando el año entero un apartamento alquilado básicamente para ella? Decidí que, tras el año contratado, lo abandonaríamos.

Con todo, Sandra seguía manifestando que en verano quería volver a la playa, pero no a aquel apartamento frente al mar. Así que, en 2012, alquilé una casita adosada con jardín, a unos cincuenta metros de la playa, para todo el mes de agosto. La casa no estaba del todo mal, pero aquel verano fue realmente nefasto; hizo un calor sofocante y Sandra no quiso salir de casa ni un solo momento. Pagué, por tanto, un alquiler altísimo por vivir en una casa con jardín y sin posibilidad alguna de ver el mar.

Mi primera intención fue tirar la toalla, pero decidí jugar una última carta. En junio del año siguiente, alquilé un apartamento en un complejo con varios edificios y una piscina central. Se hallaba en segunda línea de mar. Si Sandra se negaba a salir de casa durante todo el mes, al menos yo podría relajarme viendo el mar desde la terraza. Y algo a tener muy en cuenta: por el alquiler pagaba una tercera parte de lo que había pagado los agostos anteriores.

Montse estuvo con Sandra durante la primera semana del mes de junio. Sandra salió muy poco, pero cuando yo llegué quiso bajar a la piscina, ir de paseo todas las tardes y venir de compras conmigo. Me animó su actitud. Realmente había merecido la pena jugar esa última carta. Continué alquilando el mismo apartamento cada junio hasta 2017, año en que ocurrió algo que lo trastornó todo y de lo cual hablaré más adelante.

Sandra tenía en su plafón la foto del edificio en el que se hallaba el apartamento, y cuando acababa junio me decía que le había gustado mucho y que al año siguiente quería volver.

Desde que alquilábamos cada año el apartamento en junio, nos quedábamos en casa durante las vacaciones de Semana Santa. Montse venía a ocuparse de Sandra cuatro días de esa semana y yo aprovechaba para evadirme durante unas horas.

© narcea, s.a. de ediciones

Después de Navidad, Montse nos visitaba también algún fin de semana para que yo pudiera desconectar, por lo general en un balneario o un spa. Volvía como nueva.

Sandra iba haciéndose mayor, y aunque tenía poco más de cuarenta años, era como si tuviese muchos más. Sus actitudes eran las propias de algunos ancianos: se amodorran en casa, hacen cada día menos ejercicio y se comunican muy poco con el exterior. Eso era lo que le estaba ocurriendo a Sandra. Podía pasarse quince días sin salir a la calle. Si le proponía hacerlo durante el día, me decía que el sol la molestaba y si era de noche, que hacía demasiado frío.

El triciclo eléctrico, regalo de Reyes, no logró sacar a Sandra de casa.

Aunque yo era consciente de que nos hallábamos en una etapa de su vida que veíamos avecinarse ya su fin, yo no desistía de buscar algún estímulo que la hiciese salir de casa. Por ello, en 2014 el obsequio de los Reyes Magos consistió en un triciclo eléctrico. El que poseía era ya muy viejo y cuando salíamos con él se cansaba y jadeaba.

Sandra sabía siempre con antelación lo que iban a traerle los Reyes Magos, porque ella misma lo solicitaba. Venía conmigo a comprar los regalos, los empaquetábamos y los llevábamos al almacén donde, según la costumbre en Igualada, los depositábamos para que la noche de Reyes los pajes los trajeran a casa. Pero el triciclo eléctrico sería una sorpresa. Mi madre me dijo: "¡No sé por qué gastas tanto dinero! ¿Y si luego no lo usa?" Sin duda era muy posible, pero había que probar.

Efectuamos dos salidas con el triciclo y Sandra pudo comprobar que con él no se cansaba. Pronto manejó correctamente el mecanismo de arranque y yo tenía que estar pendiente de que su velocidad no aumentara. Lástima que la ilusión de Sandra por el triciclo acabó al poco tiempo. Salimos solo dos o tres veces más. ¿Me equivoqué? Es muy probable, pero estoy convencida de que tenía que probarlo. ¿Doy por perdido mi dinero? Ciertamente, pero con Sandra he gastado tanto dinero que poca importancia tiene un triciclo más o menos.

Las cantidades que he ido gastando con ella a lo largo de sus cuarenta y cinco años las considero una inversión. Unas veces han servido para que siga adelante, otras para verla feliz. Algunas le han permitido algún progreso en su vida diaria y otras, pocas, cayeron en saco roto. Utilizaré el triciclo eléctrico para ir de compras.

Pensando en buscarle un nuevo motivo para salir, la llevé a una casa que mi abuelo mandó construir hacia los años cuarenta del pasado siglo y que no pudo concluir del todo por falta de dinero. Con mis padres y mis hermanos pasábamos en ella los veranos de nuestra infancia, y hemos conservado siempre muy gratos recuerdos de ella. Cada año, en torno al día de Todos los Santos, íbamos con mi padre a recolectar los palosantos de los árboles que había junto a la casa y Sandra venía con nosotros. Una actividad que se había convertido ya en una tradición; yo cogía los palosantos y mi padre y Sandra los iban depositando en cajas. Luego los repartíamos entre parientes y amigos. La casa se hallaba en la Pobla de Claramunt, a ocho kilómetros de Igualada.

Le dije a Sandra que pintaría las paredes de las habitaciones y que arreglaría una habitación para ella. Al pensar en la ayuda que me había prestado durante la reforma de nuestro piso en Igualada, supuse que mi propuesta sería motivo suficiente para que se aviniese a participar. Al principio la veía muy entusiasmada con todo el trajín. Escogió un sofá cama para su habitación; instalé la antena para el televisor, ya que ver la televisión era algo indispensable para Sandra; comencé a pintar las paredes, que seguían con el primer enyesado de hacía setenta años; en la que sería su habitación colgamos un mural de gran tamaño, con las fotografías de sus piedras y los dos nuevos cuadros que pintó.

En el terreno adyacente empecé a cultivar un huerto, pensando en que Sandra se interesase por él y participase de algún modo en los primeros cultivos. Pero, al parecer, todas esas mejoras no justificaban la necesidad de viajar a menudo a la Pobla de Claramunt. No sé muy bien por qué razón, pero intuyo que se debió a que veía la casa todavía sin acabar. ¿Otro intento fallido? El tiempo lo diría. Pero, por el momento, el huerto me servía a mí de distracción, lo cual tenía ya su importancia.

Otro elemento que se introdujo en la vida de Sandra fue la silla de ruedas. Al principio yo me resistí a adquirirla porque pensé que, si entraba en casa una silla de ruedas, ella dejaría de andar. Pero un día la doctora Fornos, neuróloga que trata a Sandra, me dijo: "Que salga a la calle en silla de ruedas será siempre preferible a que se quede en casa".

Le hice caso y compré una silla de ruedas. Al principio salíamos poco, pero pronto ya ni con la silla de ruedas conseguimos que saliera a la calle. Alguien me dijo: "¿Y... una eléctrica?" Pensé que ocurriría lo mismo que ocurrió con el triciclo y lo dejé para más adelante.

Pero en 2017, cuando llegó la noche de Reyes, viendo que cada vez resultaba más difícil que Sandra saliera de casa, rescaté la idea y compré una silla de ruedas eléctrica plegable. Aquel regalo de Reyes fue una sorpresa para Sandra. Además de recibir los obsequios que, como he dicho antes, ella misma había comprado, uno de los pajes entró en nuestro comedor sentado en la silla de ruedas eléctrica. Sandra se puso muy contenta y ya a la mañana siguiente, a pesar del frío, salimos a dar un paseo. Pensé que había tomado una buena decisión, pero no tardó mucho tiempo en suceder lo que había sucedido con el triciclo eléctrico.

Sandra preparaba cada año con gran ilusión su carta para los Reyes Magos.

Sandra solo acepta salir de casa con una finalidad concreta, para adquirir lo que le ilusiona: comprar los regalos de Reyes, postales para enviar a alguien, los cohetes para la noche de San Juan, los cuadernos para sus sumas, ramilletes de flores artificiales y poca cosa más.

Un día, con el pretexto de comprar un libro para ella el día de Sant Jordi, salimos a ver los tenderetes. Había mucha gente, compramos uno de los libros de TEO, personaje de una serie de cuentos que a ella le gustan. Como nos hallábamos en una plaza, aproveché para decirle que íbamos a tomar un refresco al bar regentado por unos tíos suyos. Le bastó ver que nos estábamos dirigiendo al bar para hacerme dar la vuelta y exigirme regresar a casa. Estaba claro que las aglomeraciones de gente la angustiaban. También a nosotros, a veces, las multitudes nos aturden, pero lo disimulamos. Ella jamás simula, porque el disimulo es un concepto demasiado abstracto para Sandra.

Todos los años el día de Sant Joan íbamos a casa mi cuñada a celebrar la onomástica de su marido, en compañía de toda su familia. Sandra se mostraba siempre contenta; jugaba con sus primos, lanzaban cohetes y alguna vez cantaban también con el karaoke. Pero uno de esos años se negó a acompañarme. Mandé que viniese a casa una canguro y acudí a la comida familiar. Dejé de hacerlo a partir del año en que pasamos todo el mes de junio en Altafulla.

Ya antes de que Sandra naciera, el día de Navidad solíamos comer en casa de Nati, su abuela paterna, y seguimos haciéndolo cada año hasta que Nati nos dejó. Después, mi cuñada Teresa mantuvo dicha tradición y Sandra nos acompañaba gustosa. De acuerdo con una de nuestras costumbres navideñas, hacía "cagar el tió" (golpear con un palo un madero cubierto con una manta, bajo la cual se depositan algunos obsequios). Pero a partir de 2011 lo hacía a regañadientes, empezó a mostrarse muy inquieta

© narcea, s.a. de ediciones

cuando nos disponíamos a acudir a casa de Teresa y Joan, sus tíos. Nos daba a entender muy rotundamente que quería quedarse a comer en casa. Llamé a Teresa, preocupada, para informarla de la negativa de Sandra y mi cuñada optó por venir con la comida ya preparada a nuestro domicilio. A partir de entonces lo hacemos así. Mi cuñada y los suyos vienen con la comida, yo pongo las bebidas y celebramos el día de Navidad en nuestra casa. Debo añadir que el cambio se pudo efectuar porque quienes venían eran tan solo mi cuñada, su marido y sus dos hijos. De haber sido más, semejante movida no hubiera sido posible. Lo fue porque Teresa y Joan son dos personas excepcionales y entienden muy bien a Sandra y sus antojos.

Disfrutando de la magia de la noche de Sant Joan.

El retroceso experimentado por Sandra era claramente perceptible, no solo por haber dejado de acudir a la escuela, por su negativa a salir de casa y por lo ocurrido con la silla de ruedas. En 2003 tuvimos que enfrentarnos a otro problema: el de los pañales. Sandra los había usado hasta poco antes de cumplir los seis años. No lo recuerdo muy bien. Puede que tardásemos un poco más en prescindir de los nocturnos, pero al fin se acostumbró a hacer sus necesidades en el retrete, tanto durante el día como durante la noche.

Sin embargo, en un momento dado, Sandra empezó a hacer pis en plena noche. Solía despertarla dos o tres veces para comprobar si todo seguía en orden. Ella no se oponía y así salíamos del paso. Pero pronto vi que esa no era la solución, ya que tanto ella como yo dormíamos mal, con la angustia que nos producía el deseo de no mojar la cama.

Mi intención inicial era retrasar todo lo posible la incorporación de los pañales, pero tarde o temprano tendríamos que usarlos. Y en mayo de 2003 empezamos con los pañales de noche, para añadir más tarde los de día, sobre todo al iniciarse el desbarajuste gastrointestinal de Sandra. Los pañales de noche quedaban siempre empapados, en cambio, los de día permanecían secos y los usábamos básicamente por precaución.

Como los pañales son muy caros y Sandra estaba inscrita en mi tarjeta sanitaria, solicité para ella una tarjeta de pensionista, ya que su grado de discapacidad es de un 88%. No fue posible, se adujo que mi sueldo era demasiado alto. Debo decir que, en otras comunidades autónomas, todas las personas deficientes disponen de cartilla de pensionista expedida por la Seguridad Social, sin tener en cuenta el sueldo de sus progenitores.

La solución fue incluir a Sandra en la tarjeta Sanitaria de Feliu, que sí era pensionista. Pero cuando Sandra y yo nos empadronamos en Igualada, automáticamente la excluyeron de la cartilla de Feliu y recibió una cartilla propia sin derecho a constar como pensionista.

Mandé algunos escritos a la Seguridad Social e inicié los trámites, que son muchos, solicitando farmacia gratuita para Sandra. Tras enviar dicha documentación en 2012, sigo esperando respuesta en febrero de 2018. Como me jubilé en septiembre de 2013, pude incluir de inmediato a Sandra en mi tarjeta de la Seguridad Social y pagar el 10% como la mayoría de los pensionistas. Así y todo, algunas de las medicinas que toma Sandra no entran por la Seguridad Social y son muy caras, o utiliza muchos más pañales de los que tiene prescritos. Por lo que muchos meses la factura de farmacia de Sandra accede a más de 250 €.

6

Personas
que nos van dejando

Desde que murió su padre cuando ella tenía doce años, Sandra parece comprender muy bien lo que significa la muerte de un ser querido. No hace mucho, su hermano Joan me contó que fue Sandra quien halló a su padre inconsciente en la cama y corrió a alertar a los abuelos. A los tres días, ella y Joan asistían al entierro de su padre.

No sabemos lo que Sandra pensaba en esos momentos, pero justamente a raíz de dicho fallecimiento, introduje la palabra "muerte" en su vocabulario gestual. Ella se limitó a encogerse de hombros como diciendo: "¿qué se le va a hacer?"

Más adelante murió la abuela Nati, y a los pocos años la siguió el abuelo Joan. Cuando Sandra los visitaba, veía su progresivo deterioro e intuía lo que acabaría ocurriendo. Y cuando el desenlace era ya inminente, se negaba a visitarlos.

En casa de mis padres residía una hermana de mi madre, a quién Sandra había visto allí desde siempre. Era una mujer enfermiza que llevaba muchos años sin pisar la calle. Se relacionó muy bien con Sandra y más de una vez jugó con ella o la atendió cuando yo tenía algo que hacer. Esa tía nuestra sufrió también un lento deterioro, pero como Sandra jamás la había visto salir de casa, lo percibió menos. Murió en 2007 y decidimos no decirle nada a Sandra hasta que visitáramos a los abuelos.

El viernes de uno de los fines de semana que pasábamos en Igualada, al entrar en casa de sus abuelos, Sandra efectuó una inspección rutinaria por todas las estancias. Cuando vio que tía Gloria no estaba ni en la galería, ni en el despacho, ni en su habitación, se me acercó llena de perplejidad. Le dije entonces que tía Gloria había muerto. Automáticamente fue en busca de su plafón y me pidió que sacara su fotografía.

Recogiendo palosantos junto a su abuelo, una tradición que Sandra esperaba cada otoño.

A los dos años fue mi padre quien inició su deterioro. Sandra se dio cuenta enseguida: su palidez, su forma de andar, su escaso deseo de conversación... Y cuando de modo definitivo se quedó en la cama, Sandra no quiso hacerle ni una sola visita. Sabía que su abuelo iba a morir y se resistía a presenciarlo. Esta vez ni siquiera estuvo presente en el funeral; para ella hubiera sido un trago. Cuando visitamos a la abuela Pepita, Sandra vio que ya no estaba el abuelo. De nuevo se encogió de hombros como lo había hecho con tía Gloria y, por supuesto, la foto del abuelo desapareció del plafón.

El último domingo de diciembre de 2013, vino mi madre a comer a casa. Como de costumbre, unas veces iba yo a recogerla en coche, y otras venía en taxi, dependiendo del estado de ánimo de Sandra. Ese domingo vino en taxi, porque Sandra estaba inquieta y no me atrevía a dejarla sola en casa.

Mi madre llamó por el interfono, la vi a través de la cámara y le dije: "Mamá, entra por la otra puerta, la del ascensor". Se lo dije a fin de evitarle las escaleras. "No, no", me contestó, "voy a subir a pie".

Dejé entornada la puerta del rellano, como siempre, y acudí a atender a Sandra, que justo en ese momento reclamaba mi presencia. En la escalera sonó de pronto un golpe muy fuerte, salí corriendo a ver lo ocurrido y vi a mi madre tendida en el suelo, inconsciente. Bajé a toda prisa y me di cuenta inmediatamente de que se trataba de algo grave. Entretanto, Sandra había aparecido en el rellano, deseosa también de ver lo sucedido, y una vez más tuvo que presenciar la muerte repentina de un ser querido. Avisé a mi sobrino, que residía en el mismo edificio, y fue él quien acompañó a mi madre al hospital en una ambulancia. Unas horas más tarde se confirmó su fallecimiento. Mis hermanos permanecieron al lado de mi madre hasta el último instante, pero yo no pude acompañarlos porque ese día estaba sola con Sandra y no podía apartarme de su lado.

¿Qué había sucedido? Mi madre padecía de arritmias derivadas de su dolencia cardíaca, ya había perdido el conocimiento otras veces. En esta ocasión tuvo la mala suerte de dar con la cabeza en el suelo y el golpe le produjo un hematoma cerebral que horas después le causó la muerte. Sandra tampoco asistió a la ceremonia fúnebre y también la foto de la abuela desapareció de su plafón.

El impacto causado por la muerte de mi madre fue muy fuerte para mí, también por otras circunstancias de esos días. Fallecía mi madre y yo no podía estar a su lado porque tenía una hija que dependía totalmente de mí y no podía dejarla sola. En semejante situación, de nada habría servido recurrir a una de las canguros, porque Sandra veía toda la situación, estaba muy inquieta y me necesitaba.

Al día siguiente, con más tranquilidad, pude contar con la ayuda de la persona que se ocupa de Sandra por la mañana y pude realizar las gestiones pertinentes y asistir al sepelio de mi madre.

La ayuda
de las nuevas
tecnologías

Desde sus primeros años, Sandra manejó el ordenador. Aunque su proceso de aprendizaje fue lento, su uso fue siempre de gran utilidad para nosotras.

El portátil de Sandra nos ha acompañado en todos nuestros desplazamientos: de Barcelona a Igualada para los fines de semana, o los períodos de vacaciones en Altafulla. En casa dispuso siempre de una mesa para sus distintas actividades. Cuando llegaban los Reyes, solíamos comprar CDs con juegos de ordenador, algo que poco a poco fue reemplazado por los juegos infantiles disponibles en internet. Le costó un poco entender que podía jugar prescindiendo del CD, pero no tardó en descubrir que existían enlaces de internet destinados a juegos infantiles. Intenté limitarme a dos o tres, que introduje en el espacio "Favoritos" y le enseñé cómo acceder al juego deseado. Lo entendió a la perfección y pocas veces tenía necesidad de mi ayuda. Otras veces iba ella misma en busca de nuevos juegos, con mucho acierto. Si alguno de ellos se le resistía, me llamaba para que le enseñase el funcionamiento.

Con su ordenador pasaba largos ratos muy entretenida, aunque también, poco a poco, fue dejando de lado dicha actividad;

sin duda porque, a causa de permanecer tanto tiempo sentada en la misma posición, le dolía la espalda.

Concentrada frente al ordenador, una de sus actividades favoritas.

Cuando decidimos instalarnos en el nuevo piso de Igualada, hubo que efectuar una reforma general en todo el inmueble. Además de un ascensor espacioso, se instaló un portero automático con su correspondiente cámara. El instalador nos dio un tríptico publicitario con los distintos aparatos que ofrecía su empresa. Me llamaron la atención las cámaras de vigilancia. Las había visto en supermercados, parkings, bancos... Contacté con la empresa y me explicaron en qué consistían las cámaras de vigilancia particulares. Me interesó, y mucho.

Instalamos dos cámaras, una en el comedor, abarcando todo el espacio, y otra en la habitación de Sandra. Las dos cámaras estaban conectadas a una grabadora que a la vez comunicaba con un servidor externo a través de internet. También tenía en mi móvil una aplicación para ver tanto el comedor como la habitación de Sandra en tiempo real, desde cualquier punto donde me encontrara.

Normalmente cuento con una persona que viene a casa por la mañana, y yo aprovecho para ir de compras, al huerto, efectuar alguna gestión. Pero si algún día tengo que dejar sola a Sandra por breves momentos, las cámaras me permiten hacerlo con tranquilidad. Si, por ejemplo, quiero realizar unas compras breves, lógicamente cerca de casa, le comunico a Sandra que salgo a hacerlo y ella se queda tranquila. Mientras estoy fuera, voy mirando el móvil y si la veo relajada, continúo. Si no la veo ni en el comedor ni en su habitación, y está encendida la luz del baño, deduzco que está en el retrete. Vuelvo corriendo a casa y, por lo general, llego a tiempo de limpiarla y ayudarla a vestirse.

Otra ventaja de las cámaras es que están conectadas a un monitor y, mediante una aplicación, puedo retroceder hasta siete días y buscar el momento que me interesa. ¿Qué necesito averiguar? Por la noche, Sandra duerme muy poco, dos horas a lo sumo, pero yo he aprendido a dormir aun sabiendo que ella está despierta. Sandra solo requiere mi atención durante la noche cuando algo le duele, si ha ido de vientre o no le funciona la televisión, su principal ocupación durante la mayor parte de la noche y del día.

Y si por la mañana deseo saber las horas que Sandra ha dormido, me basta con rebobinar y examinar las sucesivas franjas horarias de la noche. Si ha dormido poco, sé que en la mañana dormirá más y si ha dormido sin interrupción tres o cuatro horas, probablemente no volverá a dormir hasta después de comer. Hubo unos días en que se cortaba la luz en todo el barrio, lo que nos suponía un problema considerable: Sandra se alteraba al no poder disfrutar de su mayor pasatiempo.

El primer paso fue contactar con Endesa para solicitar un pequeño generador portátil que permitiera mantener la televisión cuando nos quedáramos sin luz. El operario que vino a casa me dijo que era la primera vez que alguien pedía semejante aparato. Pronto pude ver que no resolveríamos nada. Aunque dispusiese de mi generador, las telecomunicaciones de la finca están conectadas a una central general y el generador no tendría utilidad alguna. Así que, lo desestimé.

Con la llegada del TDT, durante una temporada, los canales se interrumpían durante unos minutos, lo que ponía muy nerviosa a Sandra. Conseguimos ver la televisión mediante Movistar en el comedor. Al principio fue una solución, pero con el tiempo Sandra apenas salía de su habitación y no podía ver la televisión por Movistar.

Di un paso más y compré una tableta para que pudiera seguir viendo la TV por Movistar. Pero ¿qué ocurriría si se cortaba la luz y con ella la conexión a internet? Añadí un wifi portátil que funcionaba a través de un nuevo número de teléfono móvil. Compré, además, una batería por si se cortaba la luz durante unas horas, así podría cargar la tableta con calma.

Las nuevas tecnologías nos han ayudado a resolver muchas cosas que, sin su ayuda, habrían supuesto un problema para Sandra y, en consecuencia, también para nosotros.

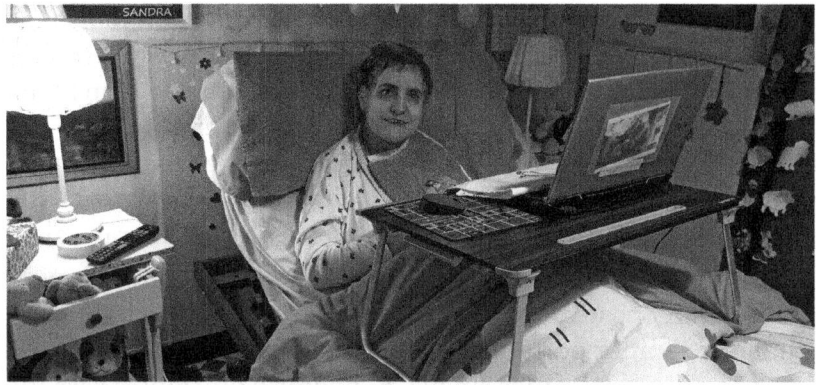

La tecnología le abrió un mundo de posibilidades.

8

Las rabietas de Sandra

Las rabietas de Sandra se iniciaron cuando era aún muy pequeña. He hablado de ello en mis dos libros anteriores. Con los años he aprendido a prever y evitar, dentro de mis posibilidades, las situaciones que pueden generar conflictos.

Una de esas situaciones eran las tormentas. Durante un tiempo aprendí a interpretar el radar de Meteocat. Cuando los meteorólogos anunciaban mal tiempo, consultaba el radar meteorológico en mi ordenador para seguir la evolución de la tormenta. Si el núcleo rojo se aproximaba a Igualada, me inquietaba, porque sabía que un corte de luz era muy probable que provocase una de sus pataletas.

Lo primero que hacía al apagarse la TV era lanzar el mando con furia, después seguían los muñecos, las lámparas de las mesillas de noche y si estaba sentada a la mesa, podía volcarla con todos los objetos que estaban encima. Si me acercaba a ella, lo más seguro era que me golpease o me arañase. Mi opción, por tanto, era desaparecer de su habitación y volver transcurridos unos minutos. Si continuaba lanzando objetos, esperaba más tiempo. Si la luz volvía pronto, se calmaba; si no, me veía obligada a resolver la situación como podía. El problema era que una solución que funcionaba hoy podía no servir para nada mañana.

Recuerdo un día de Sant Joan de 2005. Fuimos a comer a casa de mi cuñada para celebrar la onomástica de su marido. Todo había funcionado a la perfección y Sandra se había comportado muy bien. Regresábamos a Altafulla, donde pasábamos unos días, y cuando ya estábamos instaladas en el coche, este no arrancaba. Pensé que sería la batería o cualquier otro incidente. Los coches antiguos avisaban del fallo, pero los actuales, si de pronto no se ponen en marcha, no sabes cómo actuar.

Sandra se puso muy nerviosa y empezó a golpear y dar patadas a las ventanillas y a mí... Cuando conseguimos sacarla del coche, se arrojó al suelo y siguió con su pataleta. No había forma humana de poner fin a tal situación. Si algún miembro de la familia se acercaba para tranquilizarla, intentaba golpearlo.

Que el coche no arranque desasosiega a Sandra, en mi opinión le resulta difícil entender la situación y a mí me resulta también muy difícil explicarle que todo tiene una solución y que, en este caso, bastaba con usar otro vehículo para ir a Altafulla. Al fin se calmó, y una hermana de mi cuñado Joan nos llevó a Altafulla. Era una de esas situaciones imprevisibles que hay que resolver como mejor se pueda.

Durante las vacaciones en Altafulla, Montse (la canguro) y Jordi (su marido) venían unos días a cuidar a Sandra. Yo aprovechaba esos días para trabajar o hacer otras cosas. Al volver, cuando ellos se iban, surgía siempre un problema: Sandra no quería que se marcharan y se ponía muy agresiva. Tuvimos que servirnos de distintas estrategias para el momento de la despedida. Algunas funcionaban y otras no. Las que servían una vez, dejaban de hacerlo a la siguiente. Con el tiempo, Sandra se fue relajando y las despedidas mejoraron.

© narcea, s.a. de ediciones

Un día le dije a Sandra que iba a la farmacia a por su medicamento, creo que incluso le mostré el envase vacío. No lo tenían y me dijeron que al día siguiente podía pasar a recogerlo. Cuando llegué a casa y Sandra vio que no llevaba conmigo su medicamento se enojó y se puso a arrojar cosas al suelo. En esos momentos resulta del todo imposible explicarle que lo tendrán al día siguiente. De dicho incidente aprendí que no debía explicarle nada; a lo sumo, decirle que voy a tirar la basura, para que así no espere nada a mi vuelta.

Recuerdo una de las veces que vino Montse a ocuparse de Sandra dos o tres días. Poseíamos ya la cámara de vigilancia. No sé cuál fue el motivo, pero se enfadó con Montse y, como en otras ocasiones, empezó a arrojar objetos al suelo. La situación empeoraba cada vez que Montse intentaba entrar en la habitación, Sandra se enfurecía más. Por casualidad, se me ocurrió mirar la cámara en mi móvil y vi el revuelo que se estaba armando. Telefoneé a Montse, que me dijo: "Se ha encerrado en la habitación y ha puesto la mesa detrás de la puerta, para impedirme entrar". Le expliqué a Montse cómo podía ver a Sandra sirviéndose del ordenador y saber lo que estaba haciendo, en vez de vigilarla a través del agujero de la vieja cerradura de su habitación, la cual Sandra había tapado con una almohada.

Transcurrido un buen rato, Montse dejó de oír gritos y vio por el ordenador que Sandra se había tranquilizado y estaba tendida en la cama viendo la televisión. Dejó pasar un rato más antes de entrar en la habitación de nuevo, y cuando lo hizo, Sandra se condujo como si nada hubiera pasado.

Un gesto que tenemos que evitar es negar con la cabeza, algo que a veces es inevitable puesto que solemos acompañar nuestro "no" con un gesto. A veces hemos tenido problemas con cuidadoras nuevas o con los médicos que nos visitan; si olvido avisarles antes, ya la tenemos liada. Sandra no soporta las negativas y se pone muy nerviosa y agresiva. De hecho, alguna vez ha llegado a golpear a la doctora de cabecera.

Recuerdo un año, mientras cuidaba de mi nieto Bru porque mi hijo Joan trabajaba, Sandra se enfadó conmigo por algún motivo que no recuerdo. Empezó a golpear, arañar y gritar con todas sus fuerzas. Bru, que tenía cinco o seis años, se puso a correr por todo el piso buscando dónde meterse para resguardarse de las iras de Sandra. Creo que acabó escondiéndose debajo de una silla. Llamé a Joan, que acudió al momento para quedarse un rato con Bru y consolarlo. Poco después Sandra se calmó y estaba como si nada hubiese ocurrido. Pero Bru acababa de vivir una experiencia que le afectó: durante dos o tres meses no quiso entrar en nuestra casa y se echaba a llorar ante la puerta. Tenía miedo de Sandra. Poco a poco, viendo que estaba mejor y que no se enojaba, fue dejando de temerla.

En estos momentos, en 2023, cuando los canales de la TV fallan o aparecen líneas en la imagen, Sandra no se pone ya nerviosa. Apaga la tele y se cruza de brazos adoptando una expresión que nosotros traducimos por un "¿Qué le vamos a hacer?" y espera unos minutos antes de volver a encenderla.

He ido controlando las pataletas de Sandra como he podido. Intento evitar las previsibles, aunque no siempre lo consigo, y las inesperadas las he ido trampeando con mayor o menor acierto. En momentos de mucha agresividad, más de una vez he tenido que usar la fuerza física para reducirla, sujetándola firmemente para inmovilizarla. Ella intenta golpearme y darme patadas, hasta que acaba desistiendo. Entonces le doy besos, ella me acaricia la cara, y así damos por terminado el conflicto.

Dos fuertes sacudidas en nuestras vidas

Como veníamos haciendo en los últimos años, en junio de 2017 alquilé el apartamento de Altafulla. Sandra y yo llegamos el viernes y el domingo se nos unieron Montse y Jordi para quedarse toda la semana con ella. Aproveché esos días para que me practicaran una colonoscopia y una pequeña intervención en el cuello del útero. Pensé que así Sandra no sabría de las intervenciones y creería, como siempre, que estaba trabajando.

La colonoscopia me la efectuaron el 5 de junio y a los dos días la segunda intervención. Todo parecía haber transcurrido con normalidad, pero por la tarde empecé a sangrar. Como mi hijo Joan estaba trabajando, pedí a mi sobrino, que vive en el piso de arriba, que me acompañase al hospital. Joan vino a quedarse conmigo al salir de trabajar, pero viendo que la hemorragia parecía haber cesado, le dije que se fuera a casa a dormir. De pronto, a las cinco de la madrugada, empecé a sangrar de nuevo, como una fuente. Avisé a las enfermeras quienes, a pesar de ver la magnitud de la hemorragia (incluso en las fotos que yo había tomado), no dieron aviso al médico hasta las seis.

Llamé a Joan, que acudió al instante, y le dije que, si algo grave me sucedía, hablase con el director de la escuela a la que Sandra había asistido y que él le ayudaría en todo lo que hiciera falta.

A las seis llegó el médico y empezaron entonces las carreras apresuradas del personal. Hicieron salir a Joan de la habitación y me elevaron las piernas muy por encima de la cabeza, me hicieron transfusiones y otras muchas cosas. Sentía que mi situación era grave, pero no pensaba ni sufría ya por Sandra, ni por nada, era como si ya nada me importara.

A las nueve me hicieron otra colonoscopia para localizar y cerrar el punto de donde manaba la sangre, pero con tan mala fortuna que me perforaron el intestino. Unas horas después, las necesarias para reanimarme algo, me introducían en el quirófano para solucionar el desbarajuste que habían ocasionado. Permanecí cuatro días en la UCI y de ahí me subieron a planta con tubos por todas partes.

La primera crisis: mi hospitalización

¿Qué pasaba mientras tanto con Sandra? Acordamos con Montse no decirle nada, pues ella creía que yo estaba trabajando. El domingo, cuando tenía que ir a remplazar a Montse y quedarme con Sandra, fue Joan, y ya sin otro remedio, le explicó que yo me hallaba en el hospital y que ella debía volver a Igualada. La rabieta y los llantos de desconsuelo duraron dos horas. Cuando se calmó, Joan la llevó a casa, pasando antes por el hospital. Cuando me vio, se quedó algo más tranquila.

En casa la esperaba ya otra canguro, que se llama también Montse. Pasé diez días más en el hospital, con Sandra al cuidado de dos personas que se turnaban día y noche. Sandra estaba muy tensa e inquieta, a veces se ponía agresiva e intentaba golpearlas. Llamaban entonces a Joan, quien acudía con prontitud y la cal-

© narcea, s.a. de ediciones

maba. Joan ha tenido siempre un don especial para dar la vuelta a la situación y tranquilizar a Sandra. Fue nuestra salvación durante aquellos días, hubiésemos estado perdidas sin su ayuda.

Cuando volví a casa, Sandra ya se había calmado. Me preguntaba de vez en cuando, con sus gestos, por mi dolor de barriga. Yo le decía siempre que me sentía bien, aunque no fuera cierto. La convalecencia duró meses y necesité canguros mañana y tarde. Me ocupaba de Sandra como podía, echándome en el sofá a la menor ocasión.

Seguía perdiendo peso y no había forma de parar las diarreas que padecía. "No sé qué hacer contigo", decía mi doctora en cada consulta. Me sentía cada vez más cansada y sin fuerzas.

Viendo que nadie resolvía mi grave problema, en marzo de 2019 visité a un médico en Barcelona, internista y digestólogo, recomendado por una buena amiga, antigua paciente suya. A pesar de mis justificados temores, me practicó una colonoscopia y me sometió a un tratamiento minucioso y complejo. A los quince días empecé a notar una evidente mejora. Cesaron las diarreas y fui ganando peso hasta volver a la normalidad. Cuando escribo estas líneas, en abril de 2023, sigo todavía en tratamiento y sometiéndome a controles regulares.

La segunda sacudida: el diagnóstico de Sandra

Sucedió a los tres meses de la anterior. Ya en 2016, Sandra empezó a sufrir un restreñimiento persistente. Sus deposiciones, antes regulares, vi que de pronto dejaron de serlo. Le costaba horrores evacuar y la deposición era siempre muy escasa y delgada. Lo consulté con nuestra doctora, cuya respuesta era siempre la misma: "Hay personas que evacuan solo dos veces a la semana". No era el caso de Sandra. Me asaltaba la sospecha de que algo fuera de lo normal estaba sucediendo.

Al ser tan escasas sus deposiciones, cada vez comía menos y se iba debilitando por momentos. En septiembre de 2017, comenzó a sangrar, al principio poco, pero luego cada vez más. Concerté una visita privada con el doctor responsable de las colonoscopias del hospital. Le exploró el ano y pude ver con claridad que algo no andaba bien. "¿Puede tratarse de un cáncer?", le pregunté. "Es muy posible, pero para confirmarlo, intentaremos practicarle una colonoscopia".

A los tres días programamos un ingreso. Los preparativos para la exploración eran imposibles con Sandra, por lo que se efectuó sin ellos. Sandra estaba tranquila, pensando que resolverían su problema. Como el tumor estaba en el recto, pudieron verlo a la perfección y proceder a la biopsia.

Unos días más tarde el cirujano me confirmó que en efecto se trataba de un carcinoma. Yo tenía muy claro que no quería iniciar tratamiento alguno con Sandra, pero no dije nada. El doctor prosiguió: "Mire, si fuese hija mía, no iría más allá de un tratamiento paliativo. De lo contrario, tendríamos que empezar con quimioterapia para reducir el tumor, luego operar y colocar una bolsa para las evacuaciones, y después más quimioterapia y radioterapia. Esta muchacha no está capacitada para entenderlo y lo pasaría muy mal". "Estoy de acuerdo con usted. Es lo que haremos", le dije. Miré a Joan y él me dijo que pensaba lo mismo. Pero yo me sentía inquieta y pregunté: "Si nos limitamos al tratamiento paliativo, ¿cuánto tiempo puede durar?". "De dos a cuatro meses". Regresé a casa con el corazón en un puño, pensando que dejaríamos de tener a Sandra entre nosotros en poco tiempo.

El cirujano consideró necesario que contásemos con los miembros del servicio PADES, un recurso de la red sanitaria pública de Cataluña. Son equipos de expertos en cuidados paliativos que incluyen profesionales de medicina, enfermería, trabajo social y psicología. Atienden a domicilio y los cuidados paliativos contemplan una atención integral tanto al paciente que se encuentra en fase terminal como apoyo a su familia. A los pocos días, vino el equipo de PADES a visitar a Sandra: médico, enfermera y asistente social. Nos planteamos todo lo que estaba por venir y nos aseguraron que estarían a nuestro lado en todo momento.

No me sorprendió la noticia del cirujano, pues llevaba un año sospechando lo que le estaba ocurriendo a Sandra. Otras preguntas surgían ahora: ¿cómo será su final? ¿Qué debo preparar y resolver con anterioridad? ¿Papeleos? ¿Dinero?

Había contratado para Sandra un "plan de vida" que pagaba anualmente desde hacía veintitrés años. Al cumplir los treinta años, Sandra recibiría 60.000 €. Pero ¿qué sucedería si moría antes? Consulté con la aseguradora y me dijeron que, si moría, perdía dinero, mientras que, si lo rescataba, no perdería tanto. Así pues, ante una perspectiva de cuatro meses, decidí rescatarlo.

Sandra en uno de esos momentos de felicidad vividos en el mar de Altafulla.

Comencé también a pensar cómo quería que fuese su funeral y programé la ceremonia. Quería dedicar a mi hija un funeral hermoso, como ella merecía. No lloré al recibir la noticia y, transcurridos ya seis años, Sandra sigue con nosotros. No he llorado y no sé si alguna vez lo haré. Es raro, pero así es.

Por un lado, me dolía profundamente que Sandra nos dejase, pero, por otro, me tranquilizaba poder despedirla y la posibilidad, siempre deseada, de irme después que ella. Porque si Sandra no me tuviese a mí, moriría de angustia.

El final del camino

Posible eutanasia para Sandra en caso de que yo falte

Quiero dejar constancia detallada de todos los pasos que seguí en mi intento de asegurar el bienestar futuro de Sandra. Lo que sigue es un registro cronológico de mi solicitud de eutanasia para ella, pensando en el momento en que yo falte o no pueda atenderla.

1) El 11 de noviembre de 2021

Tramité mis últimas voluntades anticipadas, documento donde solicito que no me mantengan con vida si me hallo en un estado crítico e irrecuperable. También pido la eutanasia si sufro Alzheimer y no reconozco ya a mis hijos, o en caso de un ictus que me inmovilice y me incapacite totalmente. Solicité también que se considere la posible eutanasia de Sandra si yo no puedo atenderla. Según el doctor Cantero, responsable de gestionar el tema de la eutanasia en la comarca de Anoia, Sandra cumplía en aquellos momentos todos los requisitos que se exigen para practicarla. El doctor Cantero me aseguró que no existiría problema alguno si yo faltase o no fuese capaz de cuidarla.

2) En mayo de 2022

Me reuní con la doctora López para tramitar lo necesario para la eutanasia de Sandra tras mi fallecimiento. La doctora tomó notas y me dijo que ya me comunicarían algo.

Viendo que pasaban los meses y que no recibía respuesta, contacté con la doctora López por teléfono. Me dijo que no sería posible practicar la eutanasia a Sandra porque debía solicitarla ella misma. Le envié un mensaje a través del servicio *eConsulta* pidiendo que me mandara por escrito la denegación y sus motivos. En lugar de lo solicitado, me envió un párrafo de la ley de eutanasia, que ya conocía de memoria. Vuelvo a pedirle que me envié formalmente los motivos de la denegación. Su respuesta fue un informe pegado al historial de Sandra que no aclara nada:

> *Realizamos informe a petición de la madre, Anna Vila Badía.*
>
> *La madre, Anna Vila Badía, tutora legal de Sandra Morera Vila por discapacidad intelectual y física grave a causa de su parálisis cerebral, nos consultó porque quería solicitar una PRAM para Sandra, a raíz del diagnóstico de neoplasia de colon, en tratamiento paliativo.*
>
> *Tras revisar la ley, constatamos que no cumple los requisitos de la "Ley orgánica 3/2021, de marzo, de regulación de la eutanasia" de acuerdo con el siguiente apartado.*

Aquí cita el apartado que yo conocía ya tan bien, pues había leído la ley varias veces de principio a final.

3) El 9 de agosto de 2022

Viendo que con la doctora López no saco nada en claro, presenté una reclamación, vía telemática, ante la Comisión de Garantía y Evaluación de Cataluña por la denegación de la ayuda sanitaria a morir. Adjunté una carta explicando quién es Sandra, su estado actual y los motivos de mi solicitud de eutanasia para ella, junto con la documentación de las comunicaciones con la doctora López.

4) El 29 de septiembre

Al no recibir respuesta, me pongo en contacto con ellos por teléfono. Aseguraron no haber recibido reclamación ni solicitud alguna de eutanasia para Sandra, y me solicitaron que reenviara la documentación por email. El 30 de septiembre reenvío de nuevo todo y el 13 de octubre me contestan ratificando la imposibilidad de practicar la eutanasia a Sandra porque tiene que pedirlo ella. La ley no contempla que esta petición pueda hacerla quien ostenta la patria potestad.

5) El 03 de octubre de 2022

Contacto con la *asociación DMD Cataluña* (Derecho a Morir Dignamente) por si me podían orientar. Me respondieron amablemente confirmando que la ley no contempla casos como el de Sandra y que la solicitud debe proceder de la propia persona.

6) El 15 de octubre de 2022

Solicité una cita al *Síndic de Greuges* (Defensor del Pueblo), que concedieron por videollamada para el miércoles 19 de octubre de 2022. El lunes 17 recibo una llamada del departamento del Síndic para decirme amablemente, también, que nada podía hacer, ya que la ley es muy clara: tiene que pedirlo ella misma. La conversación se prolongó, pero fue un diálogo de sordos sin la menor empatía. Llegaron a sugerirme que yo le explicara a Sandra la propuesta y, si ella sabía firmar, que lo hiciese; entonces, quizás, pudieran llevarlo adelante.

Era evidente que no habían entendido nada. Me resulta imposible explicar a Sandra que deseo solicitar su eutanasia si yo falto. No podría entender una explicación tan larga y compleja. Además, no quiero hacerlo; solo conseguiría desconcertarla y sería una mala jugada para ella.

Constato con toda claridad que para ellos es un simple caso de "hecha la ley, hecha la trampa", pero no es así. Yo debería tener el derecho a conseguir legalmente mi propósito, ya que poseo la patria potestad a todos los efectos. Sin embargo, parece que no es del todo cierto, pues para esta petición carece de validez.

Está claro que existe un vacío legal, y mi deseo es encontrar la manera de que me escuchen. Me recomiendan recurrir al Contencioso Administrativo.

Consulté el caso con una abogada, que me indicó que cualquier proceso sería muy costoso y que, si la ley de la eutanasia no contemplaba esta posibilidad, poco se podía hacer.

En varias de las instancias referidas se han atrevido a decirme que, si se permitiera lo que pido, algunos padres matarían a sus hijos. Evidentemente, no tienen ni idea de lo que es tener un hijo deficiente y cómo luchamos los padres por su felicidad.

Lo cierto es que si los padres con tutela pudiéramos solicitar la eutanasia cuando lo creemos necesario, se evitarían muchos suicidios de padres que, al verse desamparados y solos ante problemas muy graves, han optado por suicidarse junto con su hijo. Es algo que tengo documentado, noticias que han salido en la prensa a lo largo de los años, aunque siempre en letra pequeña y noticia breve.

UN LENTO RETROCESO

Iniciamos el camino hacia el final de Sandra creyendo que sería breve. La primera visita del servicio PADES fue larga y exhaustiva. Me plantearon una decisión importante: elegir si quería que Sandra muriese en casa o en el hospital. Decidimos que sería mejor en casa, donde ella se siente más cómoda.

Para aliviar su persistente estreñimiento, le prescribieron un medicamento que la ayudaba a ir de vientre y que producía unas deposiciones deshechas, evitando la obstrucción que podía causar el tumor.

Más adelante, Sandra empezó a sufrir unos dolores irradiados en las piernas que le causaban un gran desasosiego y de los que se quejaba con insistencia. Empezaron a aplicarle parches de morfina, aumentando la dosis según el dolor, y también unos parches de anestesia en las piernas, las nalgas y los tobillos para neutralizarle el dolor. La medicación iba aumentando en función del dolor que padecía, y así íbamos viviendo ese tiempo de espera. Para evaluar la intensidad del dolor, los médicos se basan siempre en mi criterio, ellos son incapaces de hacerlo pues no la conocen como yo, que llevo cincuenta años con ella.

Pasaron cuatro meses tras el pronóstico y el retroceso de Sandra no se producía. Al principio, aún salíamos a la calle con la silla de ruedas, para comprar banderitas y adornos para su habitación. También podía permanecer levantada un rato, sentada en una butaca. Hacía puzles, cosía en su tambor de costura y se entretenía con distintos juegos de mesa. El deterioro era tan lento que resultaba casi imperceptible para quienes estábamos a su lado día tras día, pero sin duda se producía.

Curiosamente, desde el día siguiente al diagnóstico, Sandra quiso decorar su habitación. Fuimos colgando banderitas y toda suerte de colgantes de papel en el techo, pegatinas fluorescentes en la cabecera de su cama, recortes de muñecos de papel en las cortinas de la ventana, cenefas y otros ornamentos en las puertas del armario y mesitas de noche y, como toque final, unos espectaculares pompones también colgados del techo. Con todo ello, al entrar en la habitación de Sandra, uno tiene la sensación de adentrarse en un espacio de fantasía, una habitación que todos los niños y niñas desearían tener pero que nunca se lo permiten.

Adjunto un artículo que publicó el amigo Carles Maria Balcells en *Anoia Diari digital*, en el que describe con mucho acierto la impresión que le causó la habitación de Sandra.

LA HABITACIÓN DE SANDRA

¿Cuántos sueños oculta esta habitación, ahora oscura? ¿Cuántos insomnios? ¿Y cuántos momentos vacíos, quizás también? Hay vidas inescrutables. Jamás conoceremos la profundidad ni los caminos de esas largas horas de cada día. Las horas en las que ella duerme o descansa, y los ojos, a veces, se abren, claros al menor movimiento.

Hace años que, para Sandra, esta habitación es su refugio. Años que se le hacen eternos, postrada por el cáncer que se le diagnosticó ya hará cinco, y con el pronóstico de una vida brevísima. Y sin embargo, con la deficiencia que la acompaña desde que nació, ella está dirigiendo ese mundo cautivador que va creando y que marca los tempos de su día a día. Ha cumplido ya cuarenta y nueve años.

Sandra ha despertado no hace mucho y nos tiende la mano con una sonrisa. No nos conoce, pero ha sonreído al ver que su madre nos está mostrando su habitación mágica. Banderitas de colores —rosa,

amarillo, azul celeste, verde, rojo, anaranjado- por todo el techo, tal
como ella lo quiso. Ayudó a colgarlas cuando aún podía hacerlo. Una
especie de sinfonía abigarrada y densa. También dibujos recortados
en papel a lado y lado, y figuritas que llenan toda la estancia. La
cómoda se ha convertido en una especie de museo, con todas las
cosas que le gustan y que la acompañan.

Bajo las sábanas blancas, descansa Sandra durante un montón
de horas. Y días y más días. No puede articular palabras, nunca lo
ha hecho. Algún sonido ininteligible y, si acaso, una sonrisa. Hoy
nos ha sonreído y nos ha tendido la mano. Y a su madre se la veía
contenta. Hemos contemplado la estancia, algo jamás visto, y la luz
quedaba casi oculta a causa de las banderitas y los papeles y colgajos
que penden del techo, llenando la blanca habitación de Sandra.

Un lugar sagrado para Sandra, su habitación de niña dulce,
de niña imposibilitada que apenas puede moverse. La medicina
tiene sus límites y no siempre puede hacer milagros. Pero esta vez
la naturaleza se impone y prolonga una vida que lleva ya tiempo
pendiente de que se acabe cumpliendo un duro pronóstico. Hoy
nos ha obsequiado con una sonrisa sin palabras, como un precioso
presente de este mes de octubre que vuelve a ser cálido.

Sandra no puede oír lo que decimos de su fascinante habitación.
Nos maravilla, sobre todo, que haya sido ella quien ha querido y
quiere que sea tan mágica. Quizás, ¿quién sabe?, porqué su mundo
es un mundo mágico, fuera del alcance de los demás. Todos los
colores y todas las formas de los papeles recortados, pendientes del
techo, la acompañan a todas horas. Y también el silencio. Aquí no
llegan los ruidos procedentes de la calle. La casa es grande y por los
ventanales pueden verse el cielo y la montaña cercana.

Tiempo atrás, cuando Sandra salía aún de casa y andaba con
dificultad, le dedicaron una exposición de fotografías de sus piedras
pintadas. Piedras pintadas a mano, una a una, por Sandra, con

todos los colores que a ella le gustan. Llenan ahora las paredes de su casa, y en los estantes se exhiben con esos colores que su alma ha ido proyectando.

Sandra descansa y se adormece de vez en cuando. Unos chiquillos juegan, muy cerca, a los juegos que ahora suelen jugar los chiquillos y también a los que su abuela les organiza con imaginación y creatividad. La vida sigue. En la calle los mayores gozan del fresco de la tarde y pasean. Hay quienes están tomando un café en una de las mesas del bar de la esquina.

Carles Maria Balcells, 18 de octubre de 2022

La habitación de Sandra era un universo de color y fantasía.

Sandra no sabe que padece cáncer ni el alcance de dicha enfermedad. Gradualmente ha ido dejando de hacer cosas porque su cuerpo no se lo permite, pero en ningún momento la he visto angustiada por tal circunstancia.

Ya no quiso volver a salir a la calle y así me lo manifestó. Hace dos años que no lleva personalmente su carta a los Reyes Magos y soy yo quien lo hace. Pido que me fotografíen entregando las cartas al paje y al volver se lo muestro. Ella se queda tranquila.

Ya no usaba el inodoro para ir de vientre pues la postura le producía dolor. También dejó de comer en la mesa de su habitación y usábamos una mesita plegable para que pudiera comer en la cama. Así, poco a poco, fue perdiendo movilidad hasta que en enero de 2023 dijo que ya no quería dejar la cama. Comprobé que las piernas no la sostenían y no podía mantenerse en pie. Permanecería en la cama hasta el fin.

Durante la pandemia de la Covid, el equipo de PADES dejó de visitarnos. Al parecer, debía hacerlo la doctora de cabecera, pero nunca la vimos en esos dos años. Un día de abril de 2022, mientras limpiaba a Sandra, vi que le emergía un pequeño bulto por el ano. Vino la doctora de cabecera, y dijo que, al parecer, se trata de una almorrana. Le comenté que no me parecía una almorrana, que, por su aspecto, lo más probable es que fuese el tumor buscando una salida. Le pedí a la doctora que activase de nuevo la asistencia del servicio PADES, lo hizo y a los pocos días volvieron a visitarnos.

Lo que había aparecido era, sin lugar a duda, el tumor, que fue aumentando de tamaño. Con el tiempo se convirtió en una masa irregular que se va necrosando y desprende pedazos de vez en cuando. Al parecer no le produce dolor. No puedo determinar exactamente por dónde emerge, pues el ano es imperceptible, y la deposición, al ser siempre deshecha, va surgiendo por los lados del tumor visible.

En noviembre de 2022, Sandra empezó a sangrar abundantemente. Le recetaron un medicamento para controlar la hemorragia, ajustando la dosis según la cantidad de sangre que aparecía. Los primeros días me angustiaba ver tanta sangre, pero también acabé acostumbrándome a dicho contratiempo y a cambiar pañales ensangrentados como si se tratase de lo más natural del mundo.

Como se debilitaba cada vez más por la pérdida de sangre, parecía que el final estaba ya cerca. Hacia marzo de 2023, vinieron un día los miembros de PADES y me enseñaron lo que debería hacer si Sandra se desangraba por la noche o si la veía muy angustiada. Me dieron unas inyecciones a aplicar por vía subcutánea si era necesario. Y si ello sucedía durante el día, ellos acudirían con prontitud. Las inyecciones siguen guardadas, no tuve que utilizarlas. Un día de junio vino todo el equipo del PADES y el médico me dijo: "Nos hemos reunido y hemos pensado en una posible decisión, esperando que estés de acuerdo. Creemos conveniente que dejes de suministrarle la medicación contra las hemorragias y así, cuando se produzcan, podrían llevar a un desenlace y permitir que Sandra pueda dejarnos". Acepté, aunque me resultaba muy duro el hecho de permitir que Sandra sangrase y no hacer nada. Pero quería ayudarla a partir y acabar con tanto sufrimiento.

Reduje gradualmente la medicación y sucedió algo sorprendente. En cuanto dejó de tomar el medicamento coagulante, dejó de sangrar. El mundo al revés, pero con Sandra todas las previsiones sirven de poco. Ella sigue su camino, que nada tiene que ver con todas las previsiones. Estoy convencida de que será ella quien marcará el final, no sé cómo, pero de algún modo nos lo hará saber.

Un día a finales de agosto de 2023, mientras la cambiaba, noté que la caca le salía también por la vagina. No podía creerlo. Esperé al siguiente cambio de pañales para confirmar mi sospecha. En efecto, el cuerpo de Sandra había dado con una solución. Ante la dificultad de evacuar por el ano, se había formado una fístula que iba del recto a la vagina. Llamé al PADES para preguntarles qué consecuencias podía acarrear ese nuevo elemento y me dijeron que lo más probable es que se produjera una infección y el estado de Sandra empeorase. Estamos a finales de 2023 y Sandra no ha sufrido ninguna infección. La deposición emerge por los dos orificios, el ano y la vagina. También a ello me acostumbré.

Sin embargo, van surgiendo nuevas complicaciones. En diciembre de 2023, algún día deja de ir de vientre. Nada sale de su cuerpo, a lo sumo un líquido blancuzco cuyo origen desconozco. Pasa entre dos y cuatro días sin evacuar hasta que al fin el excremento se abre paso y acaba emergiendo. ¿Qué sucede? Suponemos que el tumor en el recto ha ido creciendo y que en ocasiones debe moverse y obstruir ambos orificios, el de la vagina y el del ano.

El equipo PADES me explicó que, si el restreñimiento duraba muchos días y Sandra se mostraba inquieta, necesitarían sedarla. De nuevo, ensayamos la forma correcta de ponerle la vía subcutánea si había que hacerlo durante la noche, pero no necesité usarla. Debo mencionar que cuando aplicásemos la sedación muy probablemente nos acercaríamos al final.

El caso de Sandra es único. Los miembros del servicio PADES afirman que nunca habían visto un caso semejante y que han aprendido mucho de ella, pues les ha planteado problemas que jamás habían enfrentado.

Para mí, estos seis años y medio acompañando a Sandra en su camino hacia el final han sido una de las experiencias más duras de mi vida. Cambiar los pañales de ocho a diez veces al día, hacer toda suerte de malabarismos para soportar con paciencia sus constantes exigencias, durmiendo por etapas. Suelo cambiarla cada dos o tres horas, y hay días en que debo cambiar toda la ropa de cama, empleando entonces una hora en lugar de los veinte minutos habituales. Por fortuna, no me cuesta volverme a dormir, aunque no duermo nunca más de cinco horas diarias, en vez de las ocho que antes consideraba necesarias.

Por todo ello, ando cansada todo el día y de mal humor, pero ante Sandra debo mostrarme alegre y actuar como si no pasara nada cuando necesito cambiarla diez veces al día o si tengo que usar tres pañales en un cambio porque se ensucia mientras lo hago. Ella, desde luego, no tiene culpa alguna. Y aunque no me oiga, le digo: "No pasa nada, Sandra, vamos a poner otro."

Su habitación reflejaba su especial forma de ver el mundo.

Sandra siempre está pensando en qué otra cosa puede pedirme: más banderitas y colgantes en el techo, cambiar el pijama, aunque esté limpio. En un estante tiene enmarcada una foto suya en la cama. Cada vez que le cambio el pijama, tengo que poner una foto con el nuevo pijama. A veces va más allá y pide que aparezca también en la foto el juego de cama de ese momento. Así, las combinaciones de fotos pueden ser muy numerosas. Tengo que tener siempre tinta en la impresora, porque si se diera el caso de tener que realizar una nueva foto en domingo, me vería en un apuro. Sandra insistiría una y otra vez hasta tener la foto correspondiente en el marco.

Debo hacer constar que si he resistido esos seis años y medio de enfermedad ha sido porque durante las mañanas tenía una válvula de escape. En mayo de 2020 inicié obras en una casa que poseo en La Pobla de Claramunt para convertirla en un alojamiento turístico, que abrió en junio de 2021. Durante las obras estuve muy entretenida, puesto me encargaba del contacto con todos los operarios y supervisaba los trabajos día a día, lo que me servía de distracción. Después, al abrir la casa, empecé a ocuparme de los huéspedes, lo que me permitía liberarme de las preocupaciones que me aguardaban en casa.

Tengo que añadir que he contado con la ayuda de tres cuidadoras excepcionales. De lunes a viernes, Montse Minguet de 9.00 a 15.00. Solía salir de casa entre las 9:30 y las 10:30, con Sandra nunca se sabe, pues puede que, a última hora, vaya de vientre o me haga una petición inesperada para retenerme un rato más con ella.

Los sábados, de 10:00 a 15:00, estaba Trini, que conoce a Sandra desde que cuidaba de mi madre. Y por último estaba Viky, para ocasiones puntuales cuando no contaba con las anteriores, y algunas tardes cuando debía recibir huéspedes.

Alguien podría estar preguntándose cómo asumir el coste de esas tres personas durante tanto tiempo. Al principio, eché mano de los ahorros que había reunido para Sandra por si yo faltaba. Pero al ver que esos ahorros se agotaban con rapidez, decidí invertir en bolsa el dinero que le quedaba y empecé a pagar los gastos con lo que ella cobraba por la Ley de Dependencia y con lo que yo percibía por tener un hijo a cargo, pero no bastaba. El resto lo he ido completando con mi pensión y los dividendos de las acciones.

Sin la ayuda de las tres cuidadoras no hubiera podido aguantar esos seis años y medio. Los padres que nos hallamos en esta situación necesitamos desconectar de algún modo, y yo lo conseguí. Casi todas las mañanas voy a la casa de alojamiento turístico, la arreglo, podo los árboles, cultivo el huerto, preparo todo para los huéspedes, limpio mi bosquecillo, corto leña para la barbacoa y la estufa, siego la hierba, recojo los palosantos y los reparto entre parientes y amigos... Vaya, que siempre hay tareas, pero me dan vida y me mantienen la mente ocupada en algo que no tiene que ver con Sandra. Cuando regreso a casa, estoy en condiciones de enfrentarme de nuevo a la dura realidad del lento deterioro de Sandra, hasta el día siguiente.

El adiós a una vida

Un mes después de la muerte de Sandra, me resulta difícil narrar su última semana. Intentaré hacerlo de forma clara y comprensible.

Desde principios de febrero se mostraba más inquieta, dejó de jugar con el ordenador, como solía hacerlo cada día hacia las 20:00. Durante los últimos días, su rutina diaria había cambiado. Le daba la cena a las 20:30 y después, si quería, usaba el ordenador. Ya no cenaba tan tarde como antes.

Comenzó también a pedirme que colgara más banderitas en su habitación, pero ahora de un solo color y con sus fotos pegadas en cada una. Las organicé por temas: Sandra en la playa y la piscina, frente al ordenador, con los Reyes Magos, en los cumpleaños. Y así fuimos llenando los escasos espacios que quedaban vacíos en su habitación. Se mostraba más inquieta y sus exigencias eran constantes. ¿Intuía su final? nunca lo sabremos.

El 15 de febrero, Montse, la cuidadora, me mandó un *WhatsApp* avisándome que veía a Sandra muy ansiosa y que se quejaba de dolor de barriga. Llamé al servicio PADES y me dirigí rápidamente a casa. También ellos acudieron y le pusieron una inyección subcutánea de morfina. No recuerdo si su ansiedad aumentó, me cuesta recordar los detalles de esos últimos días.

Por la tarde volvió una enfermera del PADES y le colocó una vía subcutánea para que yo pudiera irle administrando la medicación. Tenía tres medicamentos disponibles: uno para el dolor, otro para la ansiedad y un tercero por si se producían hemorragias masivas. Sandra permitía que se los pusiera, e incluso a veces me llamaba señalando el acceso de la vía para que le administrase el medicamento para el dolor.

No recuerdo si fue el 19 o el 20 cuando ya le colocaron una bomba automática de infusión de medicación. Le pusieron también otra vía subcutánea para que yo le fuese administrando más medicación extra si fuera necesario. El equipo del PADES venía cada mañana y ajustaba la dosis de la bomba según la medicación extra que yo había necesitado administrarle el día anterior.

Yo no sabía qué hacer, dudaba entre quedarme en su habitación o seguir con la rutina habitual, entrando cuando me llamaba. Opté por seguir con la rutina y creo que hice lo correcto, pues a Sandra le habría extrañado que yo permaneciese siempre a su lado.

Los miembros del PADES me recomendaron no quedarme sola con ella esos últimos días. Por la mañana contaba con las cuidadoras, y por la noche se turnaban mi hijo Joan, mi hermana Assumpció y Montse Minguet, que se quedó también un par de noches. Los dos últimos días dormí en el comedor, que estaba contiguo a su habitación. Ya no era capaz de emitir sus sonidos habituales para llamarme; golpeaba la cama con la mano y yo entendía que necesitaba algo.

Con la sedación, iniciada al ponerle la bomba de medicación continua y los "rescates" que yo añadía, Sandra se fue relajando hasta quedarse dormida.

Durante las últimas tardes nos acompañó mi cuñada Teresa, hermana del padre de Sandra. Permanecíamos en el comedor y entrábamos con frecuencia a verla; siempre estaba relajada y durmiendo tranquila. Si alguna vez le tocaba la mano, aun inconsciente la apartaba. Quería estar sola. Era la Sandra de siempre. Mi Sandra.

El día 22, hacia las siete de la tarde, entré a verla y la noté distinta: su respiración era más lenta, pero serena. Llegó Teresa y nos quedamos mirándola hasta que expiró. Fue una muerte dulce y tranquila, como yo había deseado para ella durante toda su vida.

Después, todo sucedió muy rápido: avisar al 061 para que viniera un médico a certificar la defunción y llamar al tanatorio para que se hicieran cargo del cuerpo.

Esa primera noche sin Sandra, mi nieto Bru se quedó a dormir en casa, y creo recordar que también se quedó una cuidadora. Joan, que vino en cuanto lo llamé, se marchó por la noche y regresó a la mañana siguiente para acompañarme al tanatorio a realizar los trámites que teníamos que hacer.

Como la muerte de Sandra era una muerte anunciada desde hacía más de seis años, lo tenía todo preparado: la ceremonia, el recordatorio, los pompones de colores que la habían acompañado esos seis años y medio y que seguirían acompañando en su despedida. Cubrimos el ataúd con sus pompones y pusimos también un muñeco de peluche que le habían traído los Reyes Magos.

La ceremonia de despedida fue muy personal.

Mientras iban entrando los asistentes, se proyectaba en una pantalla una fotografía de Sandra con una música preciosa de fondo, compuesta especialmente para ella por un muchacho que se inspiró en su exposición de las piedras en Figueres.

A continuación hablé yo, agradeciendo a todas las personas que me habían ayudado con Sandra y haciendo un breve recorrido por su vida.

Se proyectó luego un vídeo con imágenes de su vida, mostrando lo feliz que había sido y cómo disfrutaba cada momento.

Para concluir, Feliu y Bru recitaron los poemas del libro *La pedra insòlita*, mientras se proyectaban las fotos de las piedras del libro.

La ceremonia se cerró exponiendo una foto de Sandra pintando sus piedras frente al mar en Altafulla, con otra música de fondo compuesta por un amigo en honor a Sandra y sus piedras.

Tras la ceremonia, la familia nos dirigimos al crematorio para dar nuestro último adiós a mi querida Sandra.

Por ahora, la tengo en casa, en su habitación, y cuando el tiempo sea favorable, Joan, Bru y yo haremos una excursión para llevar sus cenizas a una cueva marina donde yo solía adentrarme en Kayak. Dejaremos también algunas de sus piedras pintadas para que la acompañen. El día que yo muera, he pedido a Joan que me lleve también allí. Sandra y yo volveremos a estar juntas, mirando ese mar que nos hizo tan felices.

En el mar de Altafulla Sandra encontraba un espacio de libertad y alegría.

Epílogo

El 23 de febrero de 2024, a las 11:00, me encontraba en el tanatorio de Igualada y, como Anna relata en el último capítulo, compartía con su nieto Bru la lectura de los poemas que escribí para el libro *La pedra insòlita*, con las magníficas fotos que Anna tomó de las piedras de playa pintadas por su hija. Al terminar la lectura, me acerqué al ataúd que tenía a mi izquierda, lo toqué levemente con el índice y dije bien alto: "te quiero, Sandra".

En la habitación de la residencia donde vivo ahora, tengo enmarcada una foto en la que Sandra me mira desde la cama que ya casi no abandonaba en sus últimos tiempos.

He vivido momentos en que las lágrimas han aflorado a mis ojos más de una vez recordando lo que Sandra ha representado en mi vida: esos 43 años transcurridos desde que me uní a Anna, conociendo y aceptando la presencia de Sandra por amor a su madre, y "asumiendo" esa nueva situación a mis 47 años. Yo no comprendía a Sandra. Me inquietaban sus rabietas, esa imposibilidad de entender y de hacerle entender la multiplicidad de estímulos externos que escapaban a su comprensión por su sordera y la consiguiente ausencia de lenguaje verbal. Durante unos pocos años, mientras Anna acudía a su trabajo de enfermera, yo me encargaba de vestir a Sandra, darle el desayuno y llevarla hasta el autobús escolar. Lo hacía por haber "asumido" (otra vez este maldito verbo) la nueva situación. Pero me veía incapaz de establecer cualquier tipo de comunicación o manifestación afectuosa con ese ser que, para mí, no era más que un enigma de la naturaleza. Lo digo con tales palabras, porque así lo vivía.

Veo que me estoy extendiendo y aún queda mucho por relatar. Me centraré en los aspectos más importantes, los que mejor explican mi transición desde ese "asumir" hasta un verdadero afecto, un "amor" sin subterfugios hacia Sandra, quien –a decir verdad- fue modificando gradualmente su conducta, aunque a veces persistieran sus reacciones desconcertadas, esas pataletas a las que Anna dedica un capítulo de su libro.

Feliu plasmó nuestra gratitud en este dibujo. Una tarjeta de agradecimiento para quienes asistieron a las inauguraciones de nuestras exposiciones.

Un hecho curioso que persistió hasta sus últimos días: mi afición al dibujo y la caricatura. He dibujado a Sandra –diría que con acierto- muchísimas veces y en toda suerte de situaciones. En uno de mis primeros dibujos, Anna y Sandra ocupan los asientos delanteros del coche de Anna, y en el asiento trasero, entre el enorme equipaje que siempre necesitábamos, asoma mi cabeza. He dibujado a Sandra en muchos momentos de su relación con Anna, conmigo y con su hermano Joan, otra persona "imprescindible" en nuestra vida cotidiana. Una anécdota: una mañana, Montse Minguet, una de las asistentes de Anna, y yo nos encontramos con que Sandra empezó a gritar y a lanzar contra las paredes todo lo que tenía a mano. Muy enfurruñada, se escondió debajo de una mesa. Montse y yo, asustados, nos manteníamos a una distancia prudencial. Se me ocurrió llamar a Joan, que apareció al poco rato, nos tranquilizó y, como quien no quiere la cosa, se metió en la habitación de Sandra y la devolvió a la cama sin la menor dificultad. Ese era Joan, tranquilo, siempre activo, y una gran ayuda para Anna desde su infancia, cuando la presencia de Sandra le obligaba a mantenerse siempre en un segundo plano, dispuesto a ayudar. En la actualidad, como nos cuenta Anna, Joan vive en Manresa con su compañera Dolors y sus hijos Bru y Nil, cuando le corresponde tenerlos.

Con Sandra ya adulta, con una mentalidad que podría calificarse de "infantil", pero con una serie de hábitos adquiridos a lo largo de los años, establecí una relación que Anna definió muy acertadamente con una frase: "los extremos se tocan". Entre una persona como yo, que vive entre letras, y una persona como Sandra, que ignoraba lo que es una letra, se creó una extraña complicidad basada en bromas que Sandra y yo nos gastábamos por gestos. Narrarlas alargaría innecesariamente el presente epílogo.

Uno de los dibujos que Sandra me exigía para su cumpleaños consistía en dibujarla ante la mesa donde se hallaba

© narcea, s.a. de ediciones

el pastel con las velas correspondientes. Anna enmarcaba el dibujo y cada año, bajo el "control" de Sandra, había que ir sustituyéndolo. Y así fue como, en un momento dado de su evolución personal, nació y fue creciendo mi amor por Sandra y esa "simpatía" que lo caracterizaba.

El 23 de febrero aludido al principio, en el tanatorio de Igualada, tuve la sensación de que entre Sandra y yo existía una relación que los asistentes al acto, con su actitud rutinaria y poco consciente durante el funeral, uno más, nos diferenciaba y nos aislaba.

"Junto a unas personas que no estaban en condiciones de entenderse, ahí estábamos tú y yo, Sandra, solos e iguales ante el misterio de la vida y la muerte"

Feliu Formosa

COLECCIÓN "EDUCACIÓN HOY"

Aquí puede consultar la información de todos los títulos publicados en esta Colección